Jorge Gómez Gómez
Velssy Hernández Riaño

IMPLEMENTACIÓN DE SDN MEDIANTE MININET-WIFI

Jorge Gómez Gómez
Velssy Hernández Riaño

IMPLEMENTACIÓN DE SDN MEDIANTE MININET-WIFI

Configuración de Redes Definidas por Software (SDN) en Mininet-WiFi

PUBLICIA

Cover image: www.ingimage.com

Publisher:
PUBLICIA
is a trademark of
Dodo Books Indian Ocean Ltd. and OmniScriptum S.R.L publishing group

120 High Road, East Finchley, London, N2 9ED, United Kingdom
Str. Armeneasca 28/1, office 1, Chisinau MD-2012, Republic of Moldova, Europe
Managing Directors: Ieva Konstantinova, Victoria Ursu
info@omniscriptum.com

Printed at: see last page
ISBN: 978-620-8-87339-4

IMPLEMENTACIÓN DE SDN MEDIANTE MININET-WIFI

JORGE GÓMEZ GÓMEZ
VELSSY HERNÁNDEZ RIAÑO

IMPLEMENTACIÓN DE SDN MEDIANTE MININET-WIFI

Configuración de Redes Definidas por Software (SDN) en Mininet-WiFi

JORGE GÓMEZ GÓMEZ

VELSSY HERNÁNDEZ RIAÑO

SOBRE LOS AUTORES:

JORGE GÓMEZ GÓMEZ

Ingeniero de Sistemas de profesión egresado de la Fundación Universitaria San Martín, Magíster en Ingeniería Telemática de la Universidad del Cauca, Doctorado en Tecnologías de la Información y las Comunicaciones de la Universidad de Granada España, profesor de tiempo completo de la carrera de Ingeniería de Sistemas de la Universidad de Córdoba. Director del grupo de investigación SÓCRATES de la carrera de Ingeniería de Sistemas de la Universidad de Córdoba, Editor jefe de la revista Ingeniería e Innovación de la Universidad de Córdoba. Miembro y fundador de la rama estudiantil IEEE de la Universidad de Córdoba. He publicado numerosos artículos en el área de Internet de las Cosas, Context Awareness, e-learning, redes de telecomunicaciones, en diferentes revistas indexadas en los índices JCR y SCOPUS. He desarrollado proyectos de investigación relacionados con seguridad ciudadana, ciudades inteligentes, Internet de las cosas para temas de salud, entre otros. Soy el coordinador del grupo de investigación en Computación Pervasiva de la carrera de Ingeniería de Sistemas de la Universidad de Córdoba. En este grupo de investigación desarrollamos actividades de investigación orientadas a sistemas inteligentes basados en tecnologías como RFID, NFC, QRCODE, sistemas de geolocalización, sistemas ubicuos y omnipresentes. También en este semillero los estudiantes proponen soluciones en los temas antes mencionados; los miembros participan activamente dentro y fuera de la universidad en actividades de investigación. Como resultado, muchos miembros han ganado premios regionales y nacionales. Además, he participado como jurado evaluador de revistas indexadas, tesis de maestría y doctorado. También soy editor invitado de la revista Computational and Mathematical Methods in Medicine-Hindawi. He sido profesor invitado de la Corporación Universitaria de la Costa, en el doctorado de Tecnologías de la Información y las Comunicaciones, en la materia Representación semántica de la información en entornos ubicuos. He sido profesor de la Universidad Cooperativa de Colombia en Montería del 2008 al 2015, donde impartí cursos de inteligencia artificial, bases de datos y redes de telecomunicaciones. De igual forma fui docente de la Universidad del Sinú en los años 2008 al 2015, donde también fui director del grupo de investigación GNOCIX de la carrera de Ingeniería de Sistemas. He sido conferencista en eventos nacionales e internacionales. A nivel internacional fui invitado por la Universidad Técnica Estatal de Quevedo Ecuador a impartir un seminario sobre Internet de las Cosas en el año 2014. En el año 2016 fui invitado por la Universidad de Babahoyo Ecuador a impartir un seminario taller sobre Sistemas Ubicuos. He participado en convocatorias internas de investigación de la Universidad de Córdoba, así como en convocatorias externas como Minciencias.

Finalmente puedo decir que con la experiencia que he tenido a lo largo de los años como profesional, he contribuido a generar nuevos conocimientos, esto se ha reflejado en los artículos que he publicado, los trabajos de posgrado que he dirigido, los cursos que he impartido y la apropiación del conocimiento a la comunidad educativa. Dentro de la Rama IEEE de la Universidad de Córdoba, he impulsado la investigación y la proyección social del conocimiento a entornos sociales que lo han requerido.

Velssy Hernández Riaño:

Es Ingeniera de Sistemas y tiene una Maestría en Ingeniería Telemática de la Universidad Francisco José de Caldas, Colombia. Es Profesora del Departamento de Ingeniería de Sistemas y Telecomunicaciones de la Universidad de Córdoba, además es Investigadora del grupo de investigación SOCRATES. Ha publicado numerosos artículos científicos en prestigiosos Journal. Es miembro de la rama estudiantil IEEE de la universidad de Córdoba.

Contenido

CAPITITULO I 7
1. INTRODUCCIÓN A LAS REDES DEFINIDAS POR SOFTWARE 7
CAPITULO II 10
2. ARQUITECTURAS DE RED 10
2.1. Fundamentos del Plano de Control en Redes Tradicionales 10
2.1.1. Arquitectura Monolítica 10
2.1.2. Limitaciones del Enfoque Tradicional 10
2.2. Principios y Arquitectura de SDN 12
2.2.1. Separación de Planos 12
2.2.2. Componentes de la Arquitectura SDN 12
2.2.3. Ventajas de esta Arquitectura 14
2.3. OpenFlow: Protocolo Clave en el Ecosistema SDN 14
2.3.1. ¿Qué es OpenFlow? 15
2.3.2. Tipos de Mensajes en OpenFlow 15
2.3.3. Ejemplo de Uso de OpenFlow 16
2.3.4. Ventajas de OpenFlow 17
2.3.5. Limitaciones y Evolución 17
CAPITULO III 18
3. Mininet-WiFi 18
3.1. Mininet-WiFi como herramienta de emulación. 18
3.1.1. Antecedentes 19
3.1.2. Motivación para Mininet-WiFi: 19
3.1.3. Demostraciones Interactivas: 21
CAPITULO IV 23
4. INSTALACIÓN DE MININET WIFI 23
4.2. REQUERIMIENTOS PREVIOS 23
VIRTUAL BOX 23
INSTALACIÓN 23
UBUNTU 34
OBTENCIÓN DE LA DISTRIBUCIÓN 35
CONFIGURACION EN VIRTUALBOX 35
INSTALACION Y CONFIGURACION 39

COMPLEMENTOS EXTERNOS 44
GIT 45
24.2 XTERM 45
INSTALACIÓN DE MININET-WIFI 46
CAPITULO V 48
5. Laboratorio 1 de Mininet Wifi 48
5.1. Resultado de Aprendizaje: 48
CAPITULO VI 63
LABORATORIO 2, CREACIÓN DE TOPOLOGÍAS DE RED MININET-WIFI MEDIANTE LA INTERFAZ GRAFICA Y SCRIPTS DE PYTHON 63
CREACION DE TOPOLOGIA MEDIANTE GUI 66
EVALUACION DE LA TOPOLOGÍA 72
IDENTIFICACION DE LAS DIRECCIONES DE LAS ESTACIONES 72
ANÁLISIS DE TRAFICO POR TCPDUMP DE LA TOPOLOGÍA 74
COMUNICACION ENTRE ESTACIONES DE DIFERENTES ACCESS POINT SIN ENLACE 75
CAPITULO VII 77
LABORATORIOS PROPUESTOS 77
1. SDN para Monitoreo de Cultivos Hidropónicos IoT 77
2. SDN para Coordinación de Drones de Fumigación Agrícola 82
3. Balanceo de Carga para Servicios en la Nube desde IoT 89
4. Gestión de Tráfico Vehicular Autónomo mediante SDN 89
5. Seguridad en IoT Agrícola: Detección de Intrusos con SDN 89
6. IoT Hidropónico con Reconfiguración Dinámica por SDN 90
7. Orquestación de Drones Autónomos usando Controlador Externo (ONOS o Ryu) 90
8. Integración Edge Computing para Procesamiento Local en IoT Agrícola 91
9. Evaluación de QoS para Vehículos Autónomos en Tráfico Heterogéneo 91
10. Automatización de Respuestas ante Ataques en Redes de Vehículos Autónomos 92
Referencias 93

CAPITITULO I

1. INTRODUCCIÓN A LAS REDES DEFINIDAS POR SOFTWARE

En un mundo donde cada segunda cuenta y la conectividad hace parte del motor de la innovación, las redes tradicionales han quedado atrapadas en su propia rigidez. Piensen en un instante a un sistema donde cada dispositivo (switch o un router) tomen decisiones por sí mismo, como granos de arena desconectados en un océano de datos. Esto, que durante años fue la norma, hoy se enfrenta con la necesidad de agilidad y adaptabilidad. En este escenario entran las Software Defined Networking (SDN), como un enfoque revolucionario que no solo cuestiona lo establecido, sino que redefine las reglas del juego. Sin embargo, aún queda mucho camino por recorrer, debido a que la amplia mayoría de las infraestructuras de red, siguen operando con el antiguo paradigma. No obstante, las SDN vienen ocupando cada vez más espacio en los entornos de las telecomunicaciones, proveedores de ISP y clientes finales.

El poder de una SDN reside en su capacidad para separar dos mundos que antes eran inseparables: el cerebro de la red (el plano de control, que decide cómo fluye la información) y sus músculos (el plano de datos, que ejecuta esas decisiones). En lugar de dispersar la inteligencia en cada dispositivo físico, SDN la concentra en un núcleo único: un controlador de software. Este cambio, aparentemente sencillo, transforma las redes en entidades dinámicas. Ya no son estructuras estáticas, sino sistemas vivos que evolucionan al ritmo de tecnologías como el 5G, la nube masiva o el Internet de las Cosas (IoT).

El controlador SDN actúa como un director de orquesta. En lugar de depender de protocolos rígidos y dispositivos que funcionan en solitario, interpreta las necesidades globales de la red y traduce esa visión en instrucciones precisas. Piensa en un equipo de trabajo donde, en lugar de que cada miembro decida por su cuenta, un líder central coordina las acciones. Esto permite, por ejemplo, redirigir el tráfico durante una caída de servicio, bloquear amenazas en tiempo real o priorizar aplicaciones críticas todo mediante software, sin tocar un solo cable.

La arquitectura de SDN se sostiene sobre tres pilares entrelazados:

- La infraestructura: Dispositivos como switches y routers que, liberados de la carga de decidir, se convierten en ejecutores eficientes. Su única tarea es seguir órdenes, como piezas de un engranaje bien aceitado.
- El controlador: El cerebro que todo lo ve. Herramientas como OpenDaylight o Ryu analizan el estado de la red, detectan patrones y emiten reglas usando protocolos como OpenFlow. Es aquí donde se materializa la promesa de centralización.
- Las aplicaciones: La capa donde la teoría se vuelve práctica. Desde firewalls inteligentes hasta sistemas de balanceo de carga, estas herramientas —conectadas al controlador mediante APIs— transforman requisitos empresariales en acciones concretas. Un ejemplo: si una empresa necesita aislar el tráfico financiero del resto, una aplicación puede implementar esa política en minutos, no en días.

SDN no es solo una herramienta para el presente; es un puente hacia el futuro. Bajo su paraguas, tecnologías como el edge computing o las redes 5G encuentran un aliado natural. ¿Cómo manejar miles de dispositivos IoT sin colapsar? ¿Cómo garantizar milisegundos de latencia en cirugías remotas? SDN ofrece respuestas. Pero no todo es color de rosa. Centralizar el control implica riesgos: un ciberataque al controlador podría paralizar toda la red. Además, la transición desde infraestructuras heredadas exige paciencia y recursos, mientras fabricantes y estándares luchan por encontrar un lenguaje común.

Más allá de lo técnico, SDN representa un cambio de mentalidad. Las redes ya no son jaulas de hierro, sino arcilla en manos de los desarrolladores. Startups y gigantes tecnológicos por igual pueden innovar sin depender de hardware costoso o protocolos cerrados. Es como pasar de pintar con pinceles estándar a tener una paleta infinita de colores y herramientas.

En esencia, SDN no es solo una evolución: es una invitación a imaginar redes más inteligentes, resilientes y preparadas para lo impredecible. Un recordatorio de que, en la era digital, la adaptabilidad no es un lujo, sino la moneda de cambio para sobrevivir.

CAPITULO II

2. ARQUITECTURAS DE RED

2.1. Fundamentos del Plano de Control en Redes Tradicionales

En las arquitecturas de red convencionales, los dispositivos de red, como routers y switches, integran dos planos fundamentales: el plano de datos y el plano de control. El plano de datos se encarga de reenviar los paquetes de datos entrantes a sus destinos correspondientes, mientras que el plano de control determina cómo deben ser reenviados estos paquetes, mediante la ejecución de algoritmos de enrutamiento y protocolos de descubrimiento de vecinos.

2.1.1. Arquitectura Monolítica

Esta arquitectura monolítica implicaba que cada dispositivo de red operaba de forma autónoma, ejecutando sus propios protocolos de enrutamiento, como OSPF, BGP o RIP. Estas decisiones se tomaban localmente, y la información sobre el estado de la red se compartía mediante protocolos de señalización entre dispositivos, creando un sistema distribuido, complejo y a menudo difícil de modificar o escalar (Kurose & Ross, 2021).

2.1.2. Limitaciones del Enfoque Tradicional

Entre las limitaciones del modelo tradicional se encuentran:

- Complejidad de configuración: La configuración individual de cada dispositivo era propensa a errores y requería un alto grado de especialización técnica.
- Escalabilidad reducida: El crecimiento de la red implicaba un aumento proporcional de la complejidad operativa.

- Falta de visibilidad global: Dado que el plano de control era local, los dispositivos carecían de una visión completa del estado global de la red.

- Dificultad para introducir nuevas funcionalidades: La naturaleza propietaria del software de red dificultaba la innovación y la integración de nuevas aplicaciones.

En la figura 1 se observa la gestión de tráfico en una red tradicional.

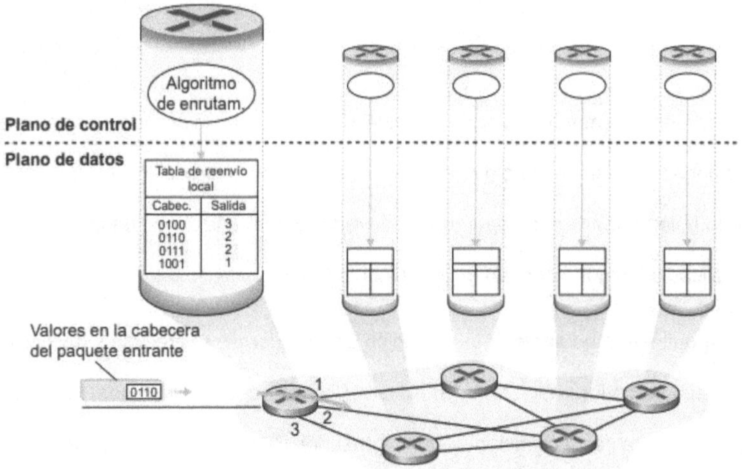

Figura 1. Arquitectura de red tradicional, tomado de (Kurose & Ross, 2021).

Estos problemas motivaron la búsqueda de soluciones más ágiles y programables, que culminaron con el desarrollo del paradigma de redes definidas por software.

2.2. Principios y Arquitectura de SDN

El concepto de Software Defined Networking (SDN) representa una transformación radical del diseño tradicional de redes. En su núcleo, SDN propone separar el plano de control del plano de datos, centralizando el control en un controlador SDN que toma decisiones de enrutamiento, mientras que los dispositivos de red, como switches, simplemente ejecutan esas decisiones reenviando paquetes de acuerdo a instrucciones específicas.

2.2.1. Separación de Planos

La separación entre los planos permite desacoplar la lógica de control de las funciones físicas de reenvío de paquetes. Esto no solo facilita la administración, sino que también permite a los operadores de red programar la lógica de la red a través de aplicaciones que interactúan con el controlador.

Esta arquitectura es análoga a la relación entre sistemas operativos y aplicaciones en un computador. Así como un sistema operativo administra los recursos de hardware para las aplicaciones, el controlador SDN administra la red para las aplicaciones de red.

2.2.2. Componentes de la Arquitectura SDN

La arquitectura de SDN se puede dividir en tres capas principales:

- Plano de datos (data plane): compuesto por los switches SDN que ejecutan reglas de reenvío. Estos dispositivos son simples y eficientes, sin lógica de control propia.

•	Plano de control: consiste en uno o más controladores SDN que toman decisiones de control con base en políticas, lógica de red y estado actual de la red. Estos controladores tienen una vista global de la topología y el tráfico.

•	Plano de aplicación: donde residen las aplicaciones de red (enrutamiento, balanceo, seguridad, etc.) que interactúan con el controlador mediante la northbound API.

La comunicación entre el controlador y los switches se realiza mediante una southbound API, siendo OpenFlow el estándar más reconocido para esta función. En la figura 2, se puede apreciar la arquitectura de una SDN.

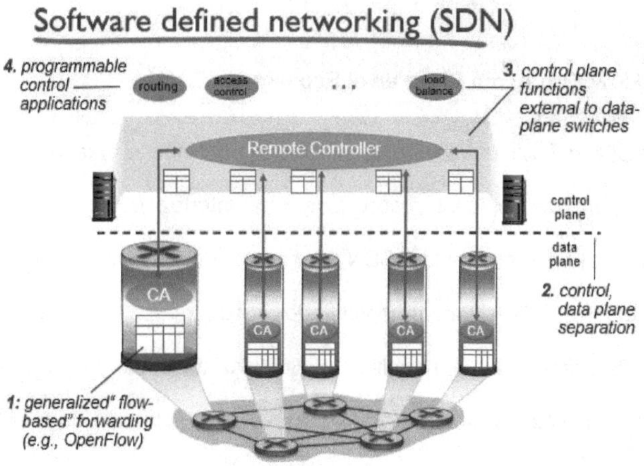

Figura 2. Arquitectura de una red definida por software, tomado de (Kurose & Ross, 2021).

2.2.3. Ventajas de esta Arquitectura

- Centralización del control: mayor facilidad de administración, monitoreo y optimización.
- Programabilidad: los operadores pueden automatizar tareas mediante software.
- Innovación acelerada: permite la creación de nuevas funcionalidades sin depender del hardware subyacente.
- Flexibilidad y escalabilidad: la lógica de red puede cambiarse dinámicamente según las necesidades.

2.3. OpenFlow: Protocolo Clave en el Ecosistema SDN

Uno de los pilares fundamentales que permitió la adopción temprana de SDN es el protocolo OpenFlow, el cual proporciona una interfaz estandarizada para la comunicación entre el controlador SDN (plano de control) y los switches (plano de datos). OpenFlow define como un controlador puede interactuar directamente con la tabla de flujo de un switch, permitiéndole instalar, modificar y eliminar reglas de reenvío de paquetes. En la figura 3 se observa la arquitectura de una SDN con OpenFlow

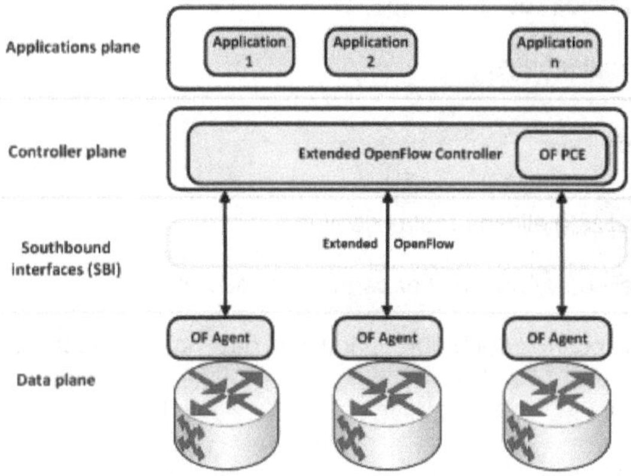

Figura 3. Arquitectura de una SDN con OpenFlow, tomado de (Kaczmarek et al., 2025).

2.3.1. ¿Qué es OpenFlow?

OpenFlow fue desarrollado inicialmente por la Universidad de Stanford como parte del proyecto Clean Slate y ha sido promovido por la Open Networking Foundation (ONF). El protocolo establece una serie de mensajes y estructuras que permiten al controlador definir cómo deben ser tratados los paquetes dentro del switch (Roberts, 2009).

Cada switch OpenFlow contiene una o más tablas de flujo, donde cada entrada especifica un patrón de coincidencia (match fields), una acción (como reenviar, descartar o modificar), y estadísticas sobre los flujos coincidentes.

2.3.2. Tipos de Mensajes en OpenFlow

OpenFlow define distintos tipos de mensajes entre controlador y switches, agrupados en las siguientes categorías:

- Mensajes de control de flujo:
  - ✓ flow_mod: crea, actualiza o elimina reglas de flujo.
  - ✓ packet_out: permite al controlador enviar paquetes específicos.
  - ✓ packet_in: notifica al controlador sobre paquetes que no coinciden con ninguna regla existente.
- Mensajes de control de conexión:
  - ✓ features_request / features_reply: intercambio de capacidades del switch.
  - ✓ echo_request / echo_reply: verificación de conectividad.
  - ✓ Mensajes de estadísticas y errores:
  - ✓ stats_request / stats_reply: consulta de estadísticas.
  - ✓ error_msg: notificación de errores.

2.3.3. Ejemplo de Uso de OpenFlow

Un controlador podría enviar una regla flow_mod al switch con una instrucción como:

- ✓ Match: dirección IP destino = 192.168.1.1
- ✓ Action: reenviar al puerto 3
- ✓ Priority: 10

De este modo, todo paquete que coincida con esa condición será reenviado al puerto correspondiente sin intervención adicional del controlador, hasta que la regla sea modificada o expire.

2.3.4. Ventajas de OpenFlow

- Estandarización de interfaces: reduce la dependencia del hardware propietario.

- Control granular: permite a las aplicaciones definir políticas finas sobre el tráfico.

- Flexibilidad operativa: los operadores pueden adaptar la red a necesidades específicas en tiempo real.

2.3.5. Limitaciones y Evolución

Aunque OpenFlow fue esencial en los inicios de SDN, su modelo ha sido considerado por algunos como limitado en escalabilidad y expresividad, lo cual ha motivado el desarrollo de nuevos modelos más generales como P4, que permiten una definición más flexible del procesamiento de paquetes.

CAPITULO III

3. Mininet-WiFi

3.1. Mininet-WiFi como herramienta de emulación.

Es una extensión de la herramienta de emulación de redes Mininet, diseñada específicamente para simular redes inalámbricas (Wi-Fi) y móviles en entornos virtualizados. Al igual que Mininet, permite crear topologías complejas utilizando recursos mínimos de hardware, pero con capacidades adicionales para modelar dispositivos inalámbricos, puntos de acceso, movilidad y fenómenos propios de redes WiFi (Fontes et al., 2015). Su flexibilidad lo convierte en una herramienta esencial para investigación, educación y pruebas de conceptos en redes definidas por software (SDN), IoT, 5G y más. En la figura 1, se puede apreciar la arquitectura de mininet wifi

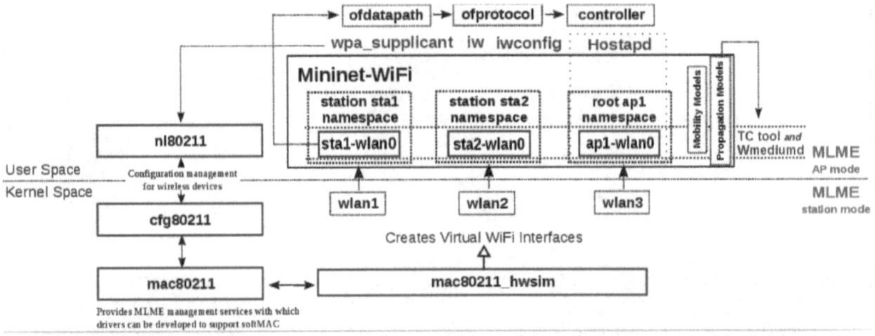

Figura 1. Arquitectura Mininet WiFi, fuente (https://mininet-wifi.github.io/#intro)

Mininet-WiFi surge como respuesta a la necesidad de emular redes inalámbricas en entornos controlados y reproducibles. Su desarrollo se basa en los siguientes hitos:

3.1.1. Antecedentes

Mininet (2010): fue creado por investigadores de la Universidad de Stanford, fue pionero en emulación de redes cableadas mediante virtualización ligera (usando namespaces de Linux). Permitía simular switches, hosts y controladores SDN como OpenFlow, pero carecía de soporte para redes inalámbricas.

3.1.2. Motivación para Mininet-WiFi:

Con el auge de las redes móviles y SDN, surgió la necesidad de estudiar escenarios WiFi sin depender de hardware físico costoso. En 2015, el investigador Ramon Fontes lideró el desarrollo de Mininet-WiFi extendiendo Mininet para incorporar:

- ✓ Emulación de puntos de acceso (APs) y estaciones WiFi (STA).
- ✓ Modelado de movilidad (cambio de asociación entre APs).
- ✓ Efectos de interferencia, tasa de transmisión y alcance de señal.

Base Técnica:

Mininet-WiFi aprovecha herramientas de Linux como mac80211_hwsim, un módulo del kernel que simula múltiples interfaces WiFi virtuales, y iw, para gestionar configuraciones inalámbricas (Fontes et al., 2015).

Aplicaciones de Mininet-WiFi

Mininet-WiFi se utiliza en diversos campos, destacando:

- ✓ Investigación en SDN y Redes Inalámbricas

Controladores OpenFlow:

Permite integrar controladores SDN (ej: Ryu, POX, ONOS) para gestionar políticas de tráfico en redes WiFi, como priorización de QoS o segmentación de redes.

Escenarios híbridos:

Combina nodos cableados e inalámbricos en una misma topología, ideal para estudiar redes de campus o centros de datos.

- ✓ Pruebas de Seguridad

  Ataques Man-in-the-Middle (MITM):

  Simula ataques como rogue APs o suplantación de SSID para evaluar vulnerabilidades.

- ✓ Políticas de Autenticación:

  Prueba protocolos como WPA3 o 802.1X en entornos controlados.

- ✓ IoT y Redes Móviles

  Movilidad de Dispositivos:

  Emula el movimiento de nodos (ej: drones, vehículos) entre zonas cubiertas por diferentes APs.

- ✓ Escalabilidad:

  Evalúa el rendimiento de redes masivas de sensores IoT conectados vía WiFi.

- ✓ Educación y Formación

  Laboratorios Virtuales:

  Facilita la enseñanza de conceptos de redes inalámbricas y SDN sin necesidad de hardware físico.

3.1.3. Demostraciones Interactivas:

Muestra efectos de interferencia o handover en tiempo real.

Funcionamiento de Mininet-WiFi

a) Arquitectura Básica

Mininet-WiFi hereda la estructura de Mininet pero añade componentes clave:

Nodos WiFi:

Stations (STA): Dispositivos cliente (ej: laptops, smartphones virtuales).

Access Points (AP): Puntos de acceso configurados con SSID, canales y potencia de señal.

Mobility Models: Define patrones de movimiento (aleatorio, predefinido) para las STAs.

Interfaces Virtuales:

Usa mac80211_hwsim para crear interfaces WiFi virtuales asociadas a cada STA y AP.

Controladores Externos:

Se integra con controladores SDN (ej: OpenFlow) para gestionar el plano de control de la red.

En la figura 2 se aprecia el entorno de trabajo del editor de mininet. Miniedit.

Figura 2. Entorno de trabajo de Mininet – Miniedit.

CAPITULO IV

4. INSTALACIÓN DE MININET WIFI

En este capítulo se abordará la instalación de los SO, softwares y componentes necesarios para el desarrollo de esta guía.

4.2. REQUERIMIENTOS PREVIOS

Para el adecuado desarrollo de esta guía recomendamos satisfacer los siguientes aspectos:

Tener una conexión a internet

Procesador con más de 4 núcleos superior a los 2 GHZ

8 GB de RAM o mas

50 GB de espacio en almacenamiento o más

VIRTUAL BOX

En esta sección se realizará la correcta instalación de VirtualBox y la creación de otras máquinas virtuales.

INSTALACIÓN

Para empezar, ingresa en el navegador la página web de virtual box, como se aprecia en la figura 2

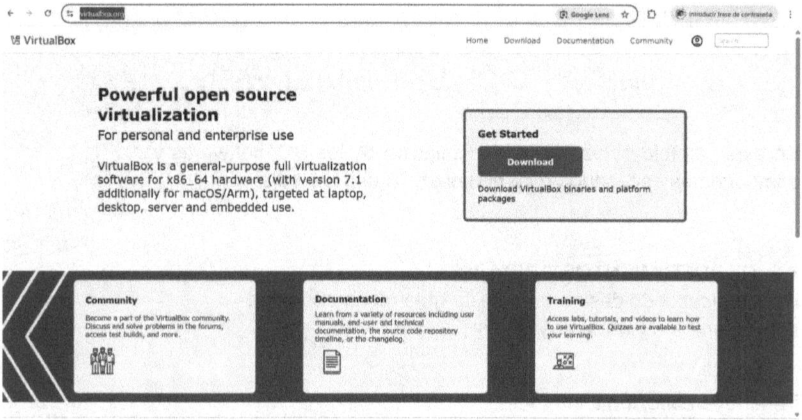
VirtualBox
Home
Download
Documentation
Community
Powerful open source virtualization
For personal and enterprise use
VirtualBox is a general-purpose full virtualization software for x86_64 hardware (with version 7.1 additionally for macOS/Arm), targeted at laptop, desktop, server and embedded use.
Get Started
Download
Download VirtualBox binaries and platform packages
Community
Documentation
Training

Figura 2. Búsqueda en el navegador de la página oficial para descargar VirtualBox

Luego nos aparecerá la siguiente ventana, donde se puede observar la última versión de VirtualBox, que actualmente es la de 7.1.8, damos clic en Download (Descargar), como se observa en la figura 3.

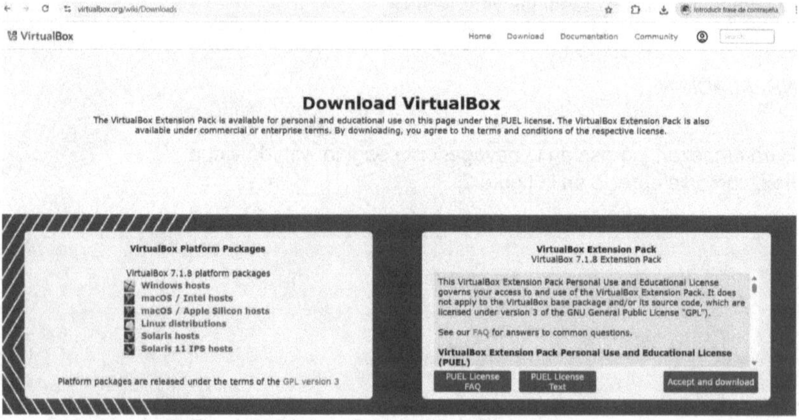
VirtualBox
Home
Download
Documentation
Community
Download VirtualBox
The VirtualBox Extension Pack is available for personal and educational use on this page under the PUEL license. The VirtualBox Extension Pack is also available under commercial or enterprise terms. By downloading, you agree to the terms and conditions of the respective license.
VirtualBox Platform Packages
VirtualBox 7.1.8 platform packages
Windows hosts
macOS / Intel hosts
macOS / Apple Silicon hosts
Linux distributions
Solaris hosts
Solaris 11 IPS hosts
Platform packages are released under the terms of the GPL version 3
VirtualBox Extension Pack
VirtualBox 7.1.8 Extension Pack
This VirtualBox Extension Pack Personal Use and Educational License governs your access to and use of the VirtualBox Extension Pack. It does not apply to the VirtualBox base package and/or its source code, which are licensed under version 3 of the GNU General Public License "GPL").
See our FAQ for answers to common questions.
VirtualBox Extension Pack Personal Use and Educational License (PUEL)
PUEL License FAQ
PUEL License Text
Accept and download

Figura 3. Página oficial de VirtualBox- paso 1

Posteriormente seleccionamos el tipo de sistema o la plataforma, que este caso será Windows hosts.

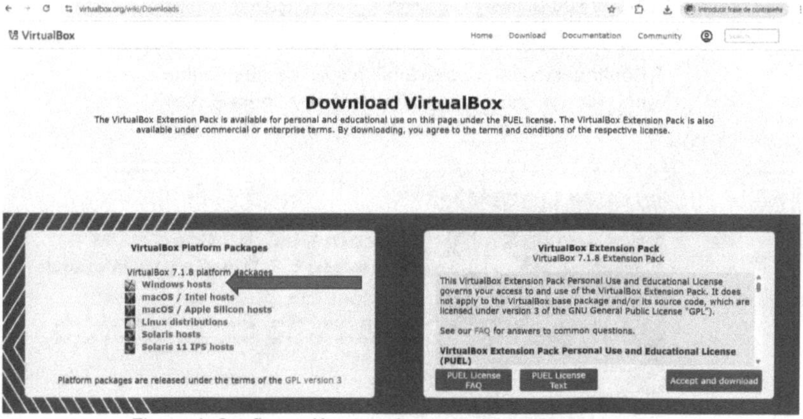

Figura 4. Configuración para descargar VirtualBox- paso 2.

Luego de haber seleccionado Windows hosts, empieza el proceso de descarga de VirtualBox como se ve en la parte izquierda inferior de la figura 5.

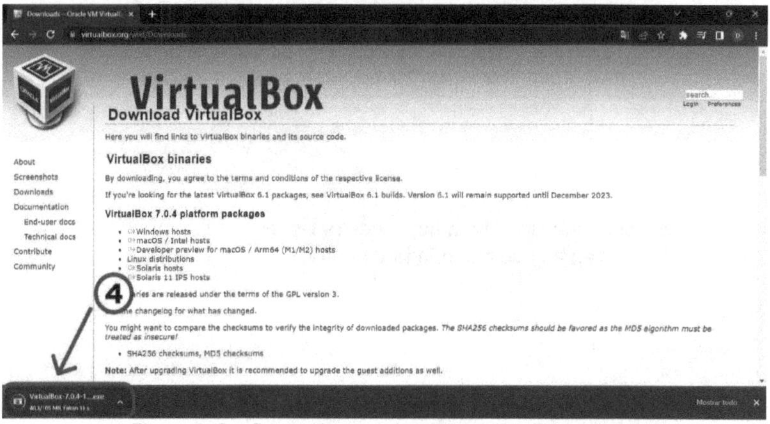

Figura 5. Configuración para descargar VirtualBox- paso 3.

Posteriormente cuando finalice la descarga damos doble clic en el banner que aparece encerrado en la figura anterior, ver figura 5, para que automáticamente nos habrá el setup.

A continuación, se observa la imagen de bienvenida. Luego damos clic, en el botón Next, ver figura 6.

Oracle VM VirtualBox 7.0.4 Setup
Welcome to the Oracle VM VirtualBox 7.0.4 Setup Wizard
The Setup Wizard will install Oracle VM VirtualBox 7.0.4 on your computer. Click Next to continue or Cancel to exit the Setup Wizard.
1
Version 7.0.4
Next >
Cancel

Figura 6. Configuración para la instalación de VirtualBox – paso 1.

En esta nueva ventana nos muestra las diversas herramientas que nos brinda VirtualBox.

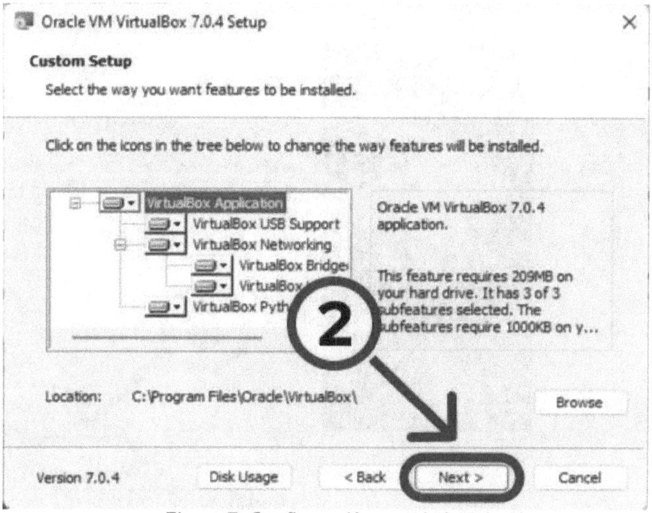
Oracle VM VirtualBox 7.0.4 Setup
Custom Setup
Select the way you want features to be installed.
Click on the icons in the tree below to change the way features will be installed.
VirtualBox Application
VirtualBox USB Support
VirtualBox Networking
VirtualBox Python
Oracle VM VirtualBox 7.0.4 application.
This feature requires 209MB on your hard drive. It has 3 of 3 subfeatures selected. The subfeatures require 1000KB on y...
2
Location: C:\Program Files\Oracle\VirtualBox\
Browse
Version 7.0.4
Disk Usage
< Back
Next >
Cancel

Figura 7. Configuración para la instalación de VirtualBox – paso 2.

Se deja todo por defecto para que nuestras máquinas virtuales, tengan todas las características que ofrece VirtualBox y damos clic en el botón Next.

En esta nueva ventana, nos muestra una advertencia de que va a instalar una interfaz de red, debido a que prácticamente genera un adaptador de red adicional para las máquinas virtuales, para la correcta instalación, damos clic en el botón Yes.

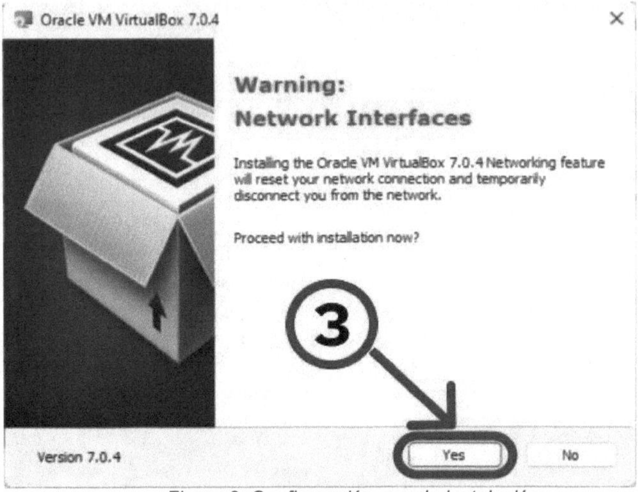
Oracle VM VirtualBox 7.0.4
Warning:
Network Interfaces
Installing the Oracle VM VirtualBox 7.0.4 Networking feature will reset your network connection and temporarily disconnect you from the network.
Proceed with installation now?
3
Version 7.0.4
Yes
No

Figura 8. Configuración para la instalación de VirtualBox – paso 3.

Igualmente, en esta nueva ventana damos clic en **Yes**.

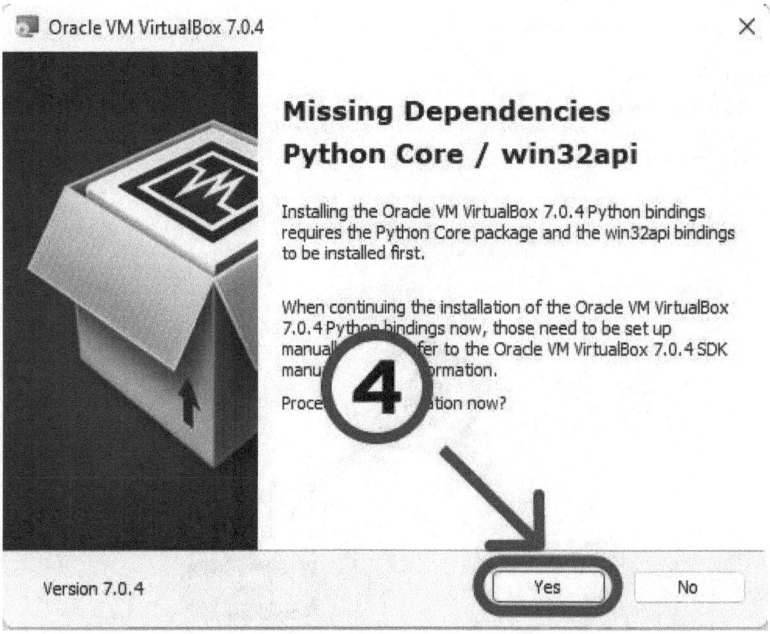

Figura 9. Configuración para la instalación de VirtualBox – paso 5

En esta nueva ventana damos clic en **Install**, si queremos ejecutar la instalación.

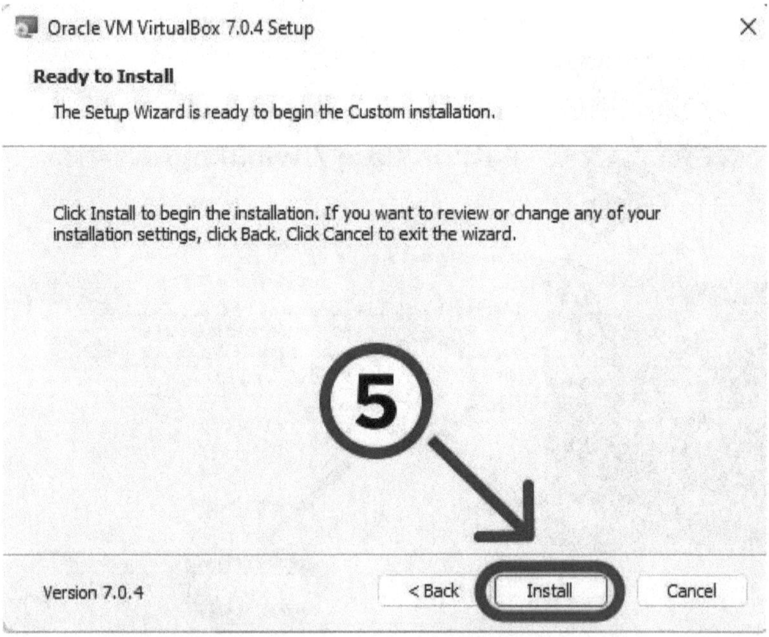

Figura 10. Configuración para la instalación de VirtualBox- paso 6

Esperamos que termine de cargar el proceso de instalación.

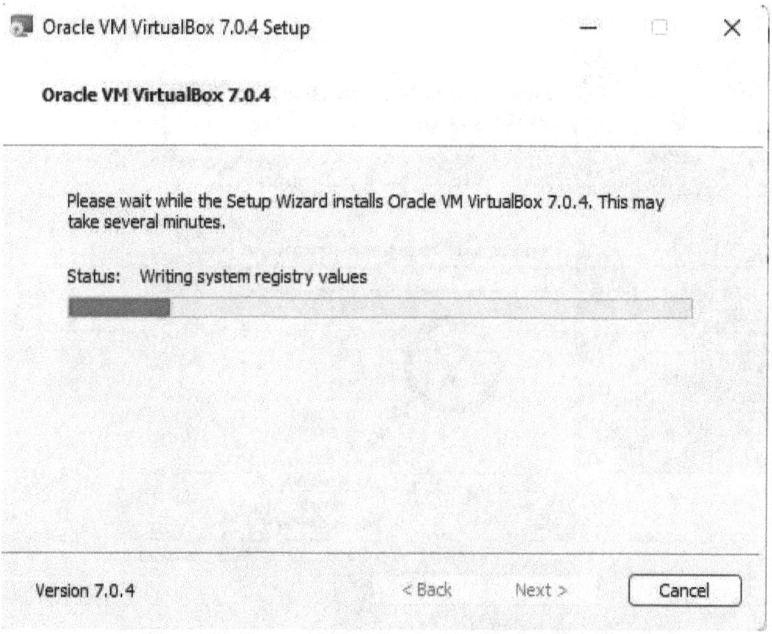

Figura 11. Cargue de proceso instalación de VirtualBox

Luego de finalizar el proceso de instalación de forma correcta, en la siguiente ventana, el instalador preguntara si deseas iniciar virtualBox, en este caso desmarcamos la opción.

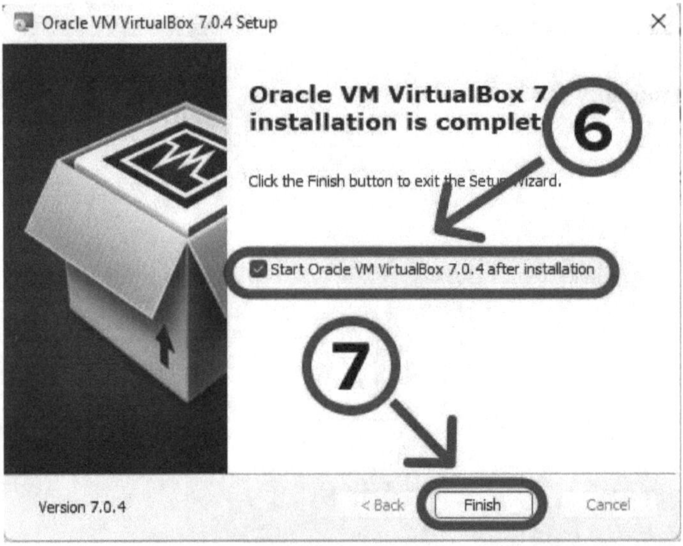

Figura 12. Configuración para la instalación de VirtualBox- paso 7

Posteriormente de desmarcar la opción, damos clic en el botón **Finish**

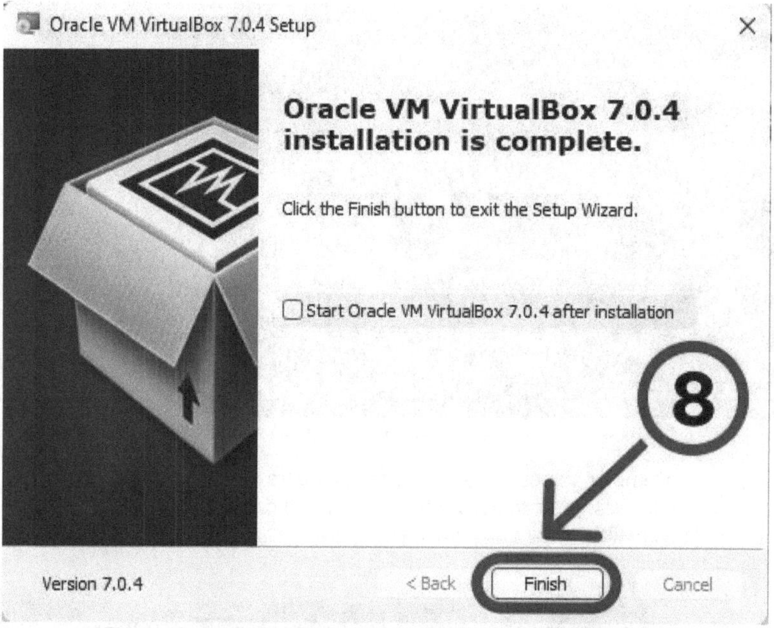

Figura 13. Configuración para la instalación de VirtualBox- paso 8

Al terminar, nos dirigimos al escritorio de nuestro ordenador y damos clic en el icono de VirtualBox.

Figura 14. Instalado correctamente VirtualBox

Como podemos observar ya se encuentra correctamente instalado VirtualBox, listo para virtualizar cualquier sistema operativo.

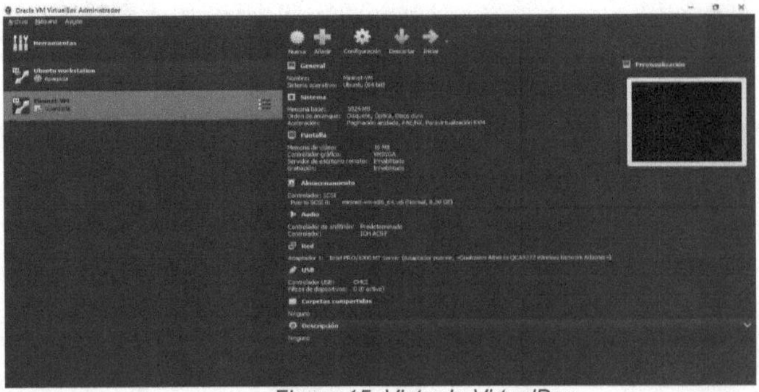

Figura 15. Vista de VirtualBox iniciada.

UBUNTU

En esta sección se instalará el sistema operativo Ubuntu, con todas las configuraciones para su correcto funcionamiento.

OBTENCIÓN DE LA DISTRIBUCIÓN

Primeramente, nos vamos a la página oficial de Ubuntu https://ubuntu.com/download/desktop, descargamos la última versión que se encuentra, en este caso Ubuntu 22.04.2, damos clic en Download.

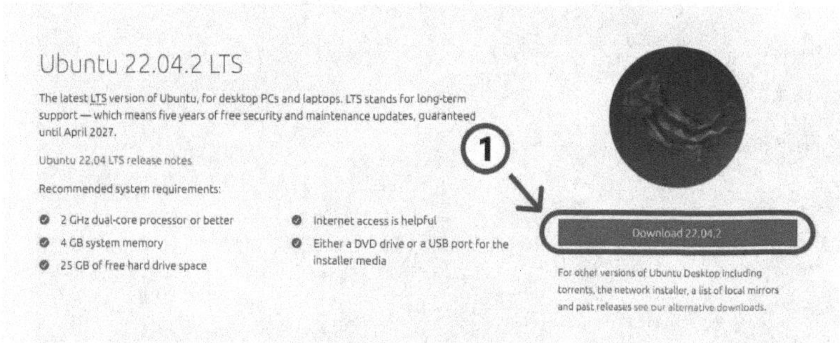

Ubuntu 22.04.2 LTS
The latest LTS version of Ubuntu, for desktop PCs and laptops. LTS stands for long-term support — which means five years of free security and maintenance updates, guaranteed until April 2027.
Ubuntu 22.04 LTS release notes
Recommended system requirements:
2 GHz dual-core processor or better
4 GB system memory
25 GB of free hard drive space
Internet access is helpful
Either a DVD drive or a USB port for the installer media
1
Download 22.04.2
For other versions of Ubuntu Desktop including torrents, the network installer, a list of local mirrors and past releases see our alternative downloads.

Figura 16. Descarga Ubuntu workstation 22.04.2 LTS

Luego esperamos a que este descargue como se muestra en la siguiente captura.

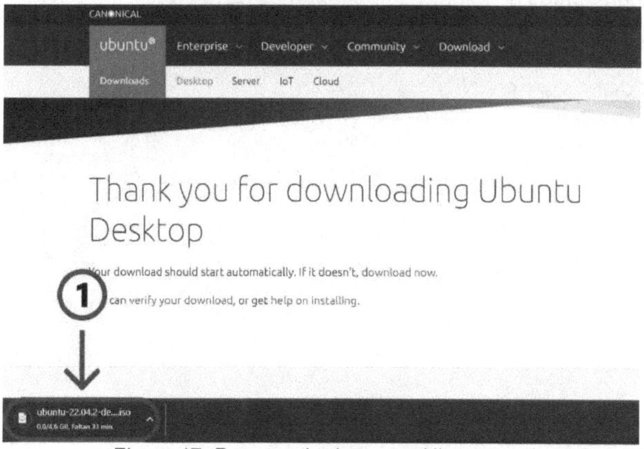

CANONICAL
ubuntu®
Enterprise
Developer
Community
Download
Downloads
Desktop
Server
IoT
Cloud
Thank you for downloading Ubuntu Desktop
ur download should start automatically. If it doesn't, download now.
can verify your download, or get help on installing.
1
ubuntu-22.04.2-de....iso

Figura 17. Proceso de descarga Ubuntu workstation 22.04.2 LTS

CONFIGURACION EN VIRTUALBOX

Posteriormente de descargar Ubuntu, ingresamos a VirtualBox y damos clic en nueva para crear una máquina virtual, como se indica en la siguiente captura.

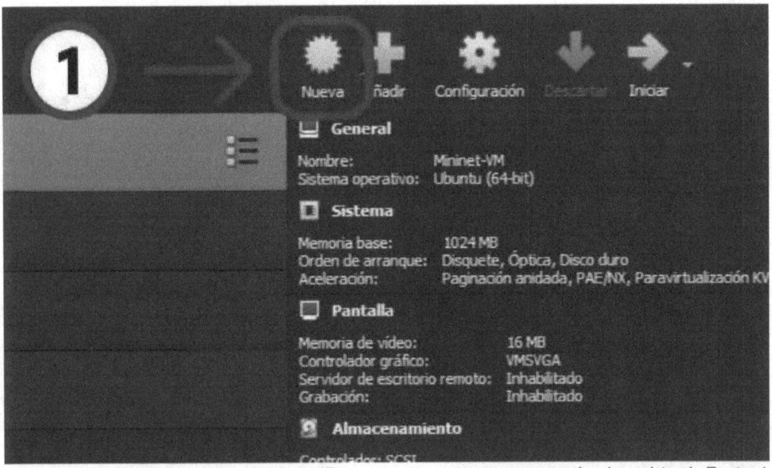

Figura 18. Configuración en VirtualBox para crear una nueva máquina virtual- Parte 1

Luego ingresamos el nombre que deseemos de nuestra máquina virtual, seleccionamos el tipo (Linux) y versión (Ubuntu (64-bit)), terminado lo anterior damos clic en “Next”.

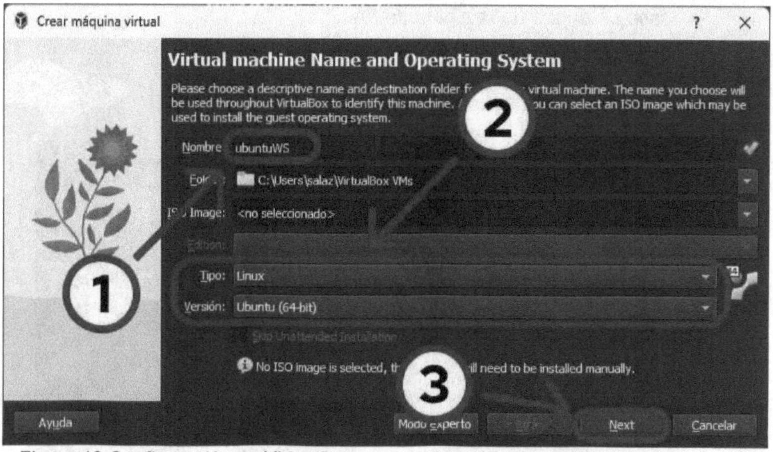

Figura 19. Configuración en VirtualBox para crear una nueva máquina virtual- Parte 2

En la siguiente ventana se configura la memoria RAM y el número de procesadores que usará la máquina virtual, como se muestra en la siguiente captura, luego damos clic en "Next".

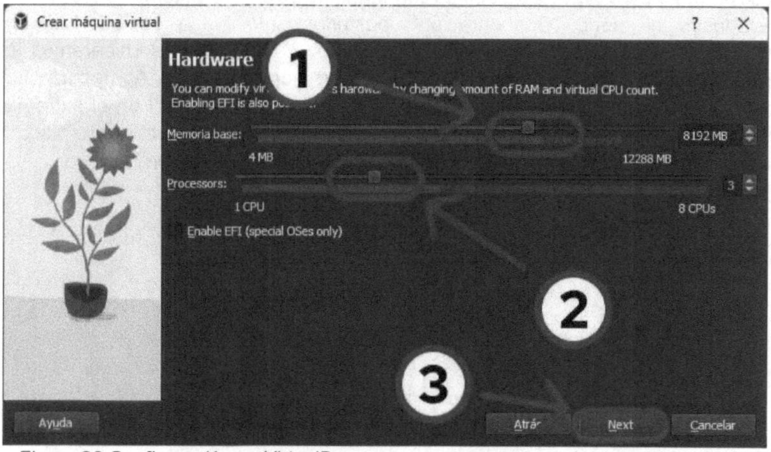

Figura 20. Configuración en VirtualBox para crear una nueva máquina virtual- Parte 3

En esta nueva ventana, se ajustará el tamaño del disco según las preferencias del usuario, en nuestro caso se dejará de la siguiente manera, posteriormente damos clic en "Next"

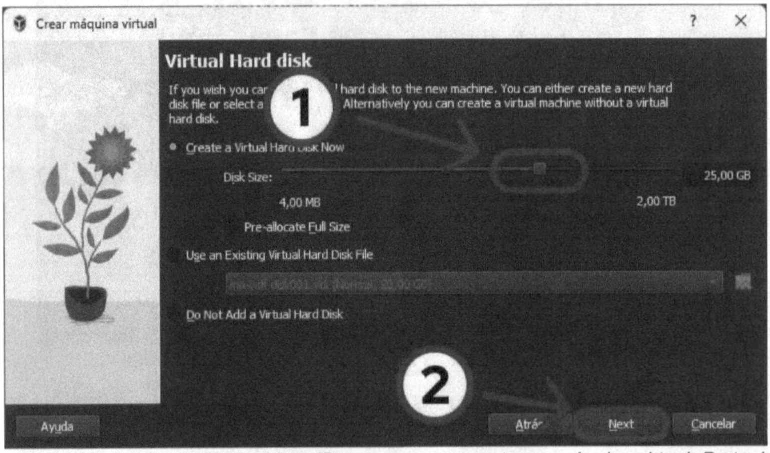

Figura 21. Configuración en VirtualBox para crear una nueva máquina virtual- Parte 4

Hasta el momento ya hemos creado la máquina virtual con las opciones seleccionadas, pero aún falta configurarlo. La instalación del sistema operativo se inicia desde el menú "Configuración", posteriormente luego de dar clic en configuración, seleccionaremos "Almacenamiento. A continuación, ubicaremos la opción "vacío" debajo de "Controlador: IDE" y haremos clic en ella. Aparecerá una sección a la derecha donde encontraremos un ícono de disco azul en el extremo derecho, al cual haremos clic y seleccionaremos "Seleccionar un archivo de disco". En ese momento, buscamos el archivo de Ubuntu y hacemos clic en "Aceptar".

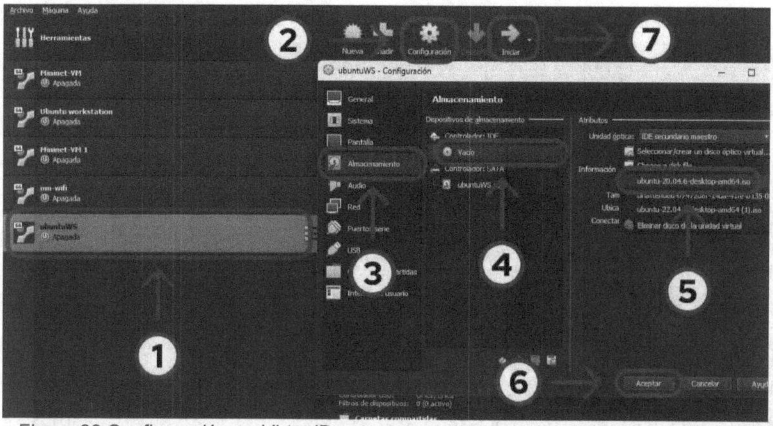

Figura 22.Configuración en VirtualBox para crear una nueva máquina virtual- Parte 5

INSTALACION Y CONFIGURACION

Luego de crear e iniciar nuestra máquina virtual, procederemos a instalar y configurar Ubuntu. En esta nueva ventana seleccionamos la opción que nos muestra a continuación.

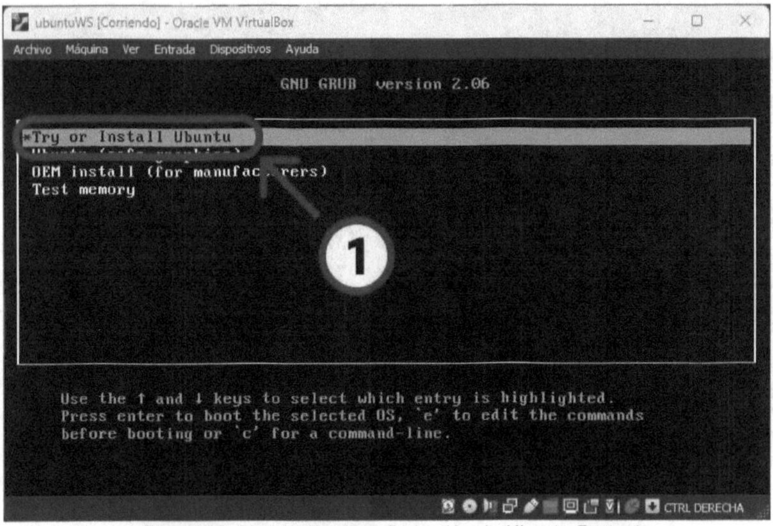
ubuntuWS [Corriendo] - Oracle VM VirtualBox
Archivo Máquina Ver Entrada Dispositivos Ayuda
GNU GRUB version 2.06
*Try or Install Ubuntu
OEM install (for manufac rers)
Test memory
1
Use the ↑ and ↓ keys to select which entry is highlighted.
Press enter to boot the selected OS, `e' to edit the commands
before booting or `c' for a command-line.
CTRL DERECHA

Figura 23. Instalación y configuración de Ubuntu-Parte 1

Seleccionamos el idioma y pulsamos la opción Instalar Ubuntu.

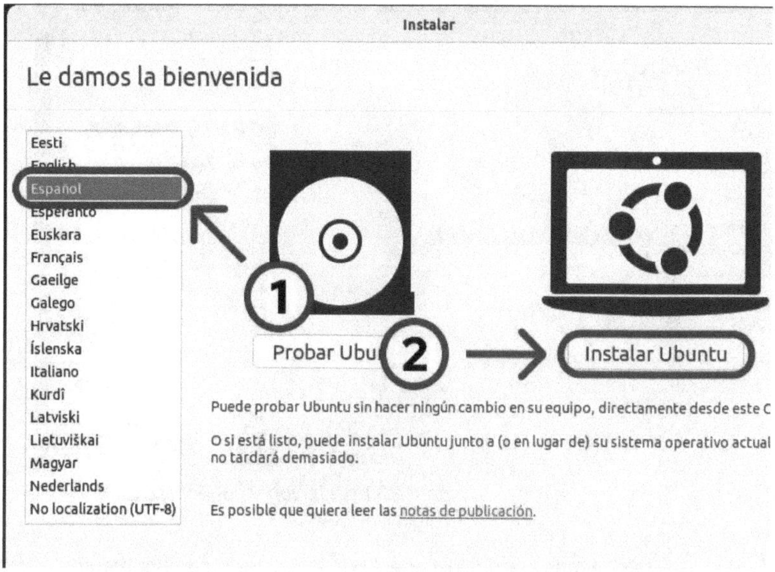
Instalar
Le damos la bienvenida
Eesti
Español
Euskara
Français
Gaeilge
Galego
Hrvatski
Íslenska
Italiano
Kurdî
Latviski
Lietuviškai
Magyar
Nederlands
No localization (UTF-8)
1
2
Instalar Ubuntu
Puede probar Ubuntu sin hacer ningún cambio en su equipo, directamente desde este C
O si está listo, puede instalar Ubuntu junto a (o en lugar de) su sistema operativo actual
no tardará demasiado.
Es posible que quiera leer las notas de publicación.

Figura 24.Instalación y configuración de Ubuntu-Parte 2

Posteriormente seleccionamos el tipo de teclado que necesitamos y damos clic en "Continuar"

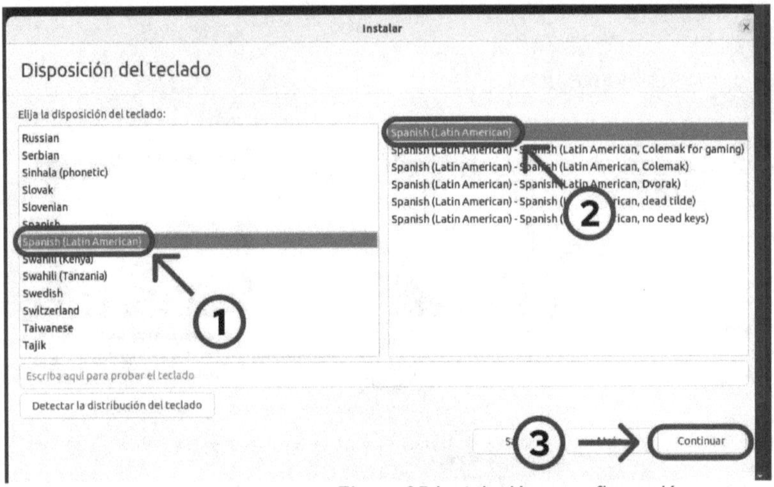

Figura 25.Instalación y configuración de Ubuntu-Parte 3

Luego, nos permite elegir el tipo de instalación que queremos realizar y nos mostrara otras opciones, por último, damos clic en "Continuar".

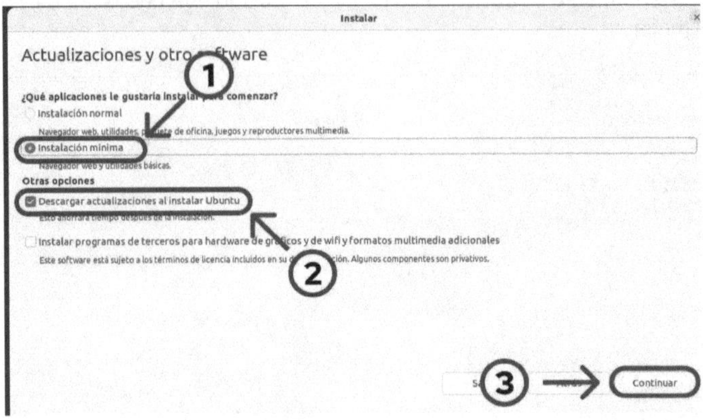

Figura 26.Instalación y configuración de Ubuntu-Parte 4

Posteriormente seleccionamos la opción que nos muestra la siguiente captura y damos clic en “Instalar ahora”.

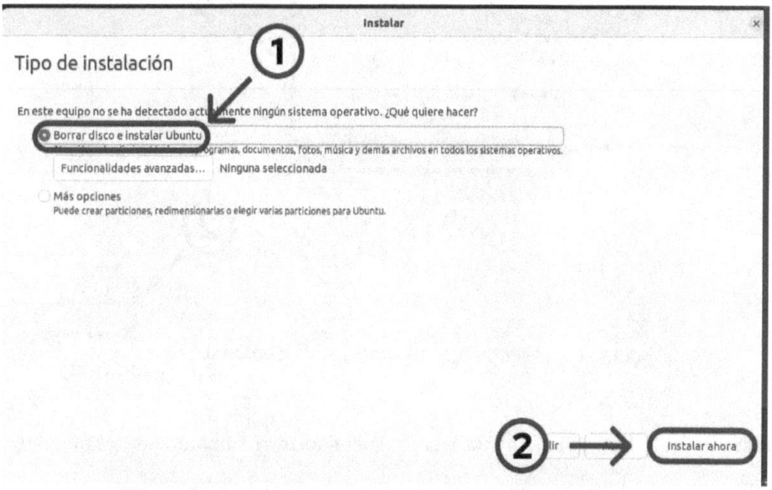

Figura 27.Instalación y configuración de Ubuntu-Parte 5

Finalizando, se ingresa la información solicitada, así como el nombre del usuario principal del sistema, el nombre del equipo, también establecer un login para el usuario principal y una contraseña, luego damos clic en continuar, como se puede observar en la captura siguiente.

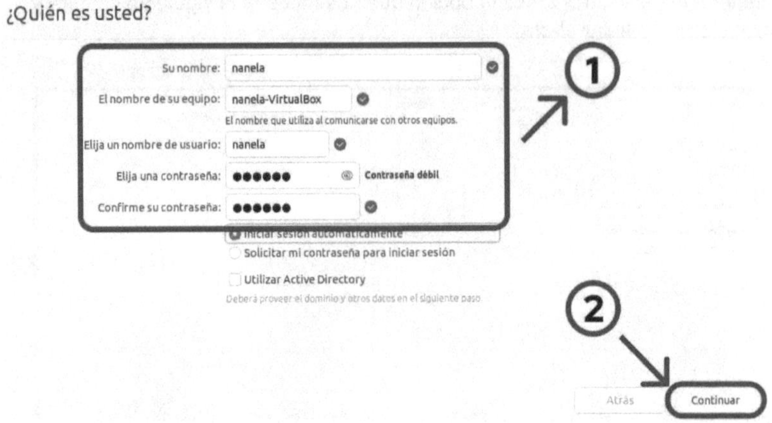

Figura 28.Instalación y configuración de Ubuntu-Parte 6

Cuando se haya completado el proceso de instalación nos aparecerá lo siguiente

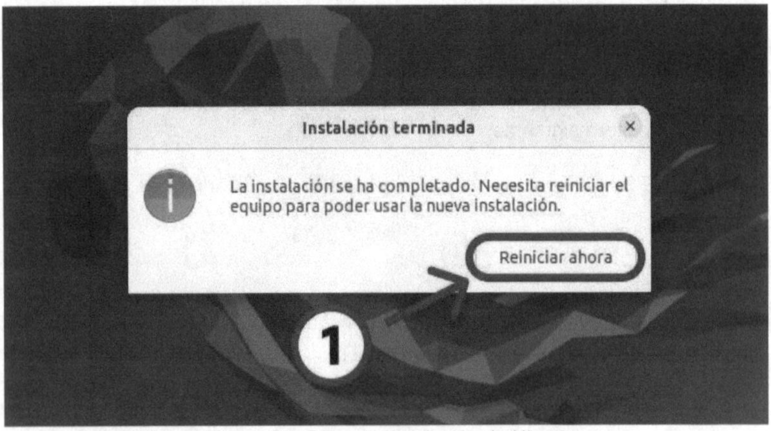

Figura 29. Correcta instalación de Ubuntu

COMPLEMENTOS EXTERNOS

En este capítulo se abordará la instalación de complementos externos dentro de la máquina virtual de Ubuntu previamente instalada y configurada necesarios para seguir esta guía.

GIT

Para instalar Git simplemente ejecute el siguiente comando en una terminal y posteriormente presione s para aceptar la instalación:

```
sudo apt install git
```

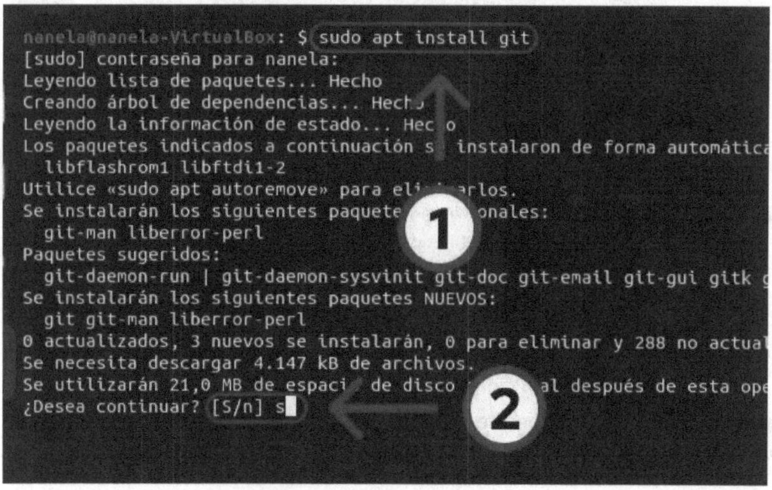

nanela@nanela-VirtualBox: $ sudo apt install git
[sudo] contraseña para nanela:
Leyendo lista de paquetes... Hecho
Los paquetes indicados a continuación se instalaron de forma automátic
libflashrom1 libftdi1-2
Paquetes sugeridos:
git-daemon-run | git-daemon-sysvinit git-doc git-email git-gui gitk
Se instalarán los siguientes paquetes NUEVOS:
git git-man liberror-perl
0 actualizados, 3 nuevos se instalarán, 0 para eliminar y 288 no actua
Se necesita descargar 4.147 kB de archivos.
¿Desea continuar? [S/n] s
1
2

Figura 30. Instalación GIT

24.2 XTERM

Para instalar xterm simplemente ejecute el siguiente comando en una terminal:

```
sudo apt install xterm
```

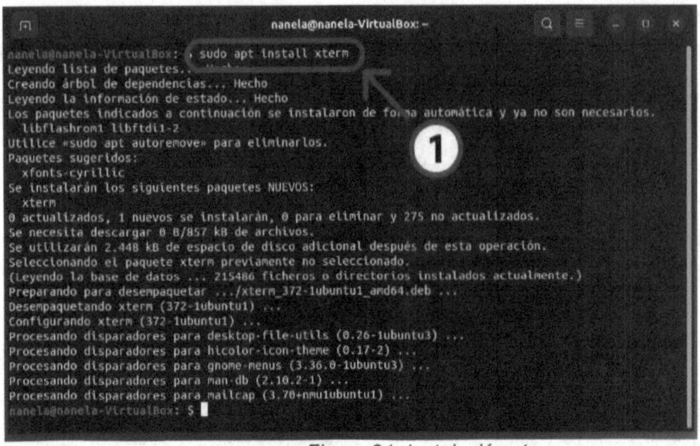
nanela@nanela-VirtualBox: ~
sudo apt install xterm
Leyendo lista de paquetes...
Creando árbol de dependencias... Hecho
Leyendo la información de estado... Hecho
Los paquetes indicados a continuación se instalaron de forma automática y ya no son necesarios.
libflashrom1 libftdi1-2
Utilice «sudo apt autoremove» para eliminarlos.
Paquetes sugeridos:
xfonts-cyrillic
Se instalarán los siguientes paquetes NUEVOS:
xterm
0 actualizados, 1 nuevos se instalarán, 0 para eliminar y 275 no actualizados.
Se necesita descargar 0 B/857 kB de archivos.
Se utilizarán 2.448 kB de espacio de disco adicional después de esta operación.
Seleccionando el paquete xterm previamente no seleccionado.
(Leyendo la base de datos ... 215486 ficheros o directorios instalados actualmente.)
Preparando para desempaquetar .../xterm_372-1ubuntu1_amd64.deb ...
Desempaquetando xterm (372-1ubuntu1) ...
Configurando xterm (372-1ubuntu1) ...
Procesando disparadores para desktop-file-utils (0.26-1ubuntu3) ...
Procesando disparadores para hicolor-icon-theme (0.17-2) ...
Procesando disparadores para gnome-menus (3.36.0-1ubuntu3) ...
Procesando disparadores para man-db (2.10.2-1) ...
Procesando disparadores para mailcap (3.70+nmu1ubuntu1) ...
1

Figura 31. Instalación xterm

INSTALACIÓN DE MININET-WIFI

Para descargar e instalar Mininet-Wifi será necesario clonar su repositorio oficial de GitHub para ello ejecutaremos los siguientes comandos:

git clone https://github.com/intrig-unicamp/mininet-wifi cd mininet-wifi sudo util/install.sh -Wlnfv

Para ilustrar más este proceso se presenta una captura de pantalla con la ejecución de estos:

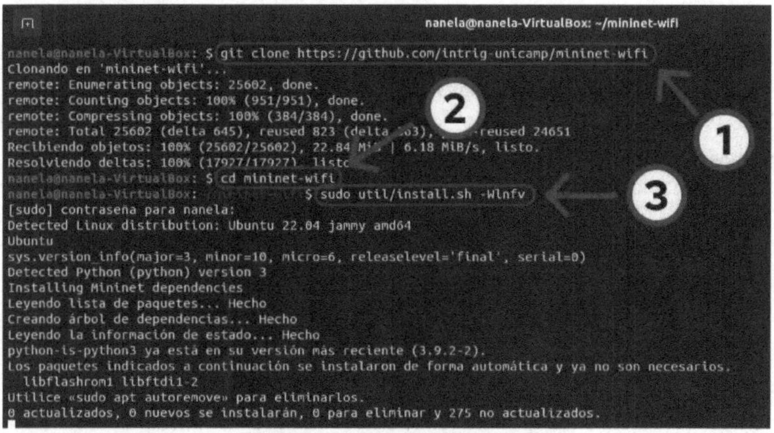
nanela@nanela-VirtualBox: ~/mininet-wifi
$ git clone https://github.com/intrig-unicamp/mininet-wifi
Clonando en 'mininet-wifi'...
remote: Enumerating objects: 25602, done.
remote: Counting objects: 100% (951/951), done.
remote: Compressing objects: 100% (384/384), done.
remote: Total 25602 (delta 645), reused 823 (delta
reused 24651
Recibiendo objetos: 100% (25602/25602), 22.84
6.18 MiB/s, listo.
Resolviendo deltas: 100% (17927/17927), listo
$ cd mininet-wifi
$ sudo util/install.sh -Wlnfv
[sudo] contraseña para nanela:
Detected Linux distribution: Ubuntu 22.04 jammy amd64
Ubuntu
sys.version_info(major=3, minor=10, micro=6, releaselevel='final', serial=0)
Detected Python (python) version 3
Installing Mininet dependencies
Leyendo lista de paquetes... Hecho
Creando árbol de dependencias... Hecho
Leyendo la información de estado... Hecho
python-is-python3 ya está en su versión más reciente (3.9.2-2).
Los paquetes indicados a continuación se instalaron de forma automática y ya no son necesarios.
libflashrom1 libftdi1-2
Utilice «sudo apt autoremove» para eliminarlos.
0 actualizados, 0 nuevos se instalarán, 0 para eliminar y 275 no actualizados.
1
2
3
Figura 32. Instalación Mininet WiFi

Precaución:

La máquina virtual no debe tener instalado Mininet

Recomendaciones

Posterior a la instalación de Mininet-Wifi compruebe su funcionamiento mediante el comando mn --help

CAPITULO V

5. Laboratorio 1 de Mininet Wifi

El propósito de este laboratorio es desplegar una red wifi con que intercomunican con un controlador Openflow. El controlador, es el encargado de gestionar el tráfico de la red.

5.1. Resultado de Aprendizaje:

Al finalizar este laboratorio, el estudiante será capaz de diseñar, configurar e implementar una red Wi-Fi integrada con un controlador OpenFlow, aplicando los principios de Software Defined Networking (SDN) para gestionar de forma centralizada el tráfico de la red. Esto incluye:

Desplegar una infraestructura Wi-Fi básica interconectada con un controlador OpenFlow, asegurando la comunicación entre dispositivos y el plano de control.

Configurar reglas de flujo en el controlador OpenFlow para definir políticas de reenvío de tráfico, priorización de datos y segmentación de la red.

Analizar el impacto de la centralización del control en la eficiencia, seguridad y adaptabilidad de la red, comparando su funcionamiento con enfoques tradicionales basados en dispositivos autónomos.

Validar el funcionamiento de la red mediante pruebas prácticas, como la monitorización de tráfico en tiempo real, la implementación de políticas dinámicas (ej: bloqueo de dispositivos no autorizados) y la optimización de rutas bajo diferentes escenarios de carga.

Este resultado integra habilidades técnicas (configuración de redes SDN), conceptuales (comprensión de arquitecturas desacopladas) y analíticas (evaluación de ventajas y desafíos de SDN en entornos inalámbricos).

A continuación, siga las siguientes instrucciones para desplegar la red.

Ejecute en una terminal el siguiente comando para desplegar el editor miniedit. Como se aprecia en la figura 1.

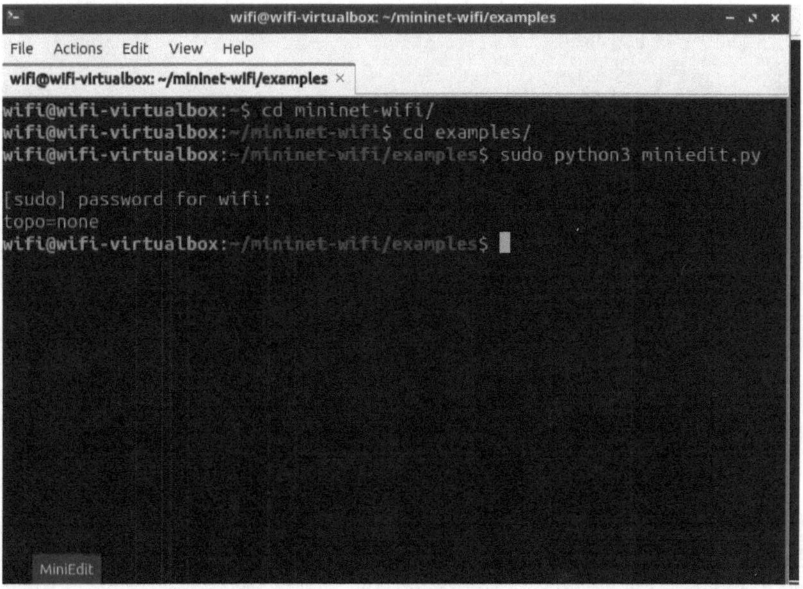

Figura 1. Activación de terminal para ejecutar miniedit

Primero entre con el comando: cd miniedit-wifi/

Luego dentro del directorio escriba el comando: cd examples/

Luego escriba este comando: sudo python3 miniedit.py

Le debe pedir el password, ingrésele el que usted tiene configurado en su máquina virtual.

A continuación, le debe aparecer la figura 2.

Figura 2. Pantalla principal de Miniedit

A continuación, tal y como se aprecia en la figura 3. Agregue los componentes

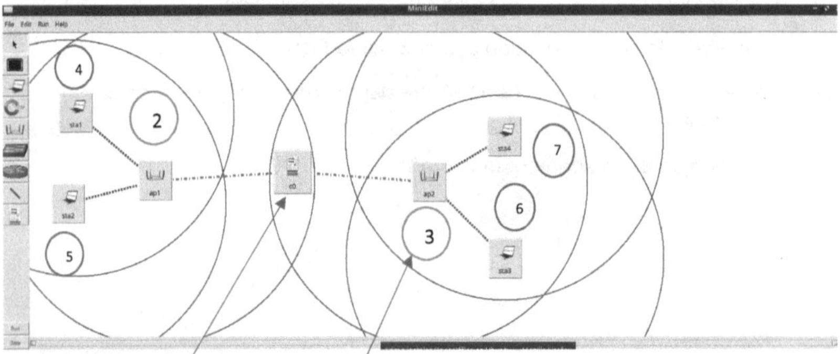

Figura 3. Elementos de la red inalámbrica.

1. Controlador Open Flow

2. y 3. Corresponden a los Access Point

Del 4 a 7 corresponden a laptops

Una vez agregado los componentes de la red, se guardará el archivo en formato mn para que se mantenga la topología de la red. Como se aprecia en las figuras 4 y 5.

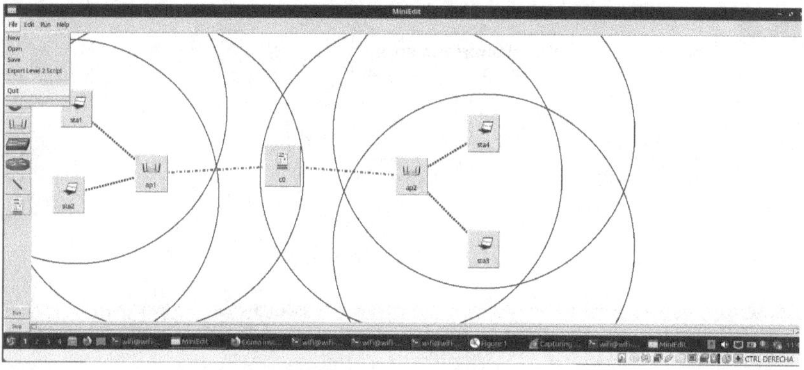

Figura 4. Guardar el archivo en formato .mn

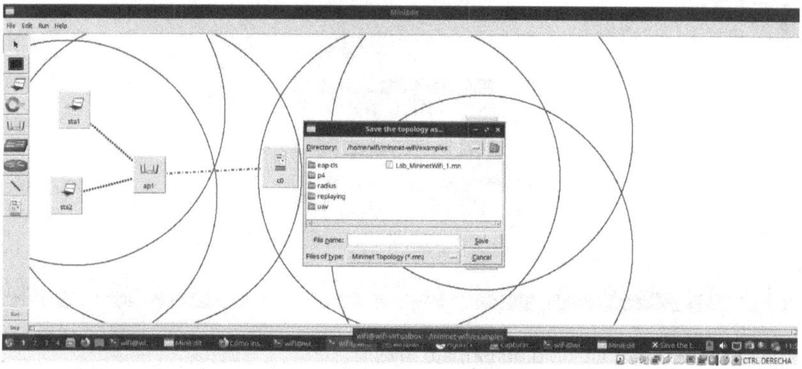

Figura 5. Mensaje de dialogo para guardar el archivo con extensión .mn

De igual modo, una vez de halla guardado en formato .mn, procederemos a exportar este mismo archivo en formato .py, para ejecutar la topología en un script de python, tal como se aprecia en las figuras 6 y 7.

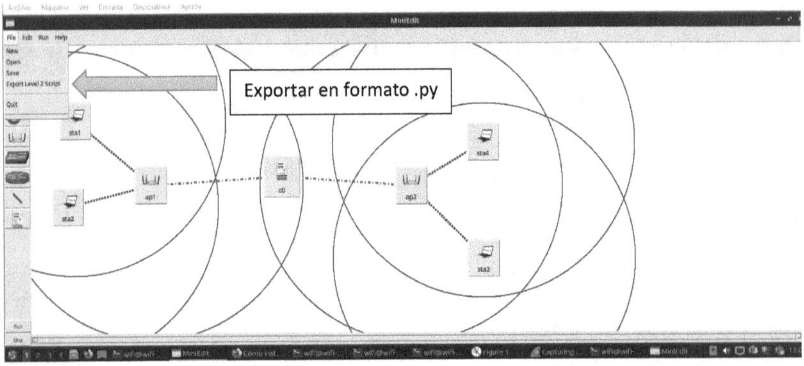

Figura 6. Exportar topología en formato .py

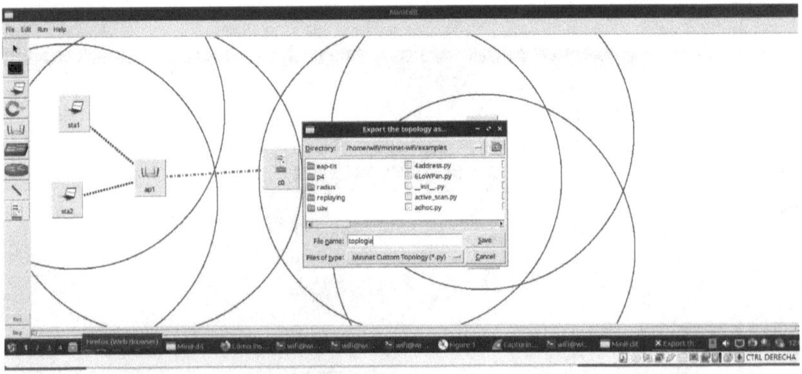

Figura 7. Guardar topología en formato .py

Una vez guardado el archivo en formato .py, que para este caso se llamara Lab_Mininet_Wifi_1.py

Abra una nueva terminal.

Entre a la siguiente ruta:

cd mininet-wifi/

cd examples/

ahora ejecute el siguiente comando

sudo python3 Lab_Mininet_Wifi_1.py. Tal y como se aprecia en la figura 8.

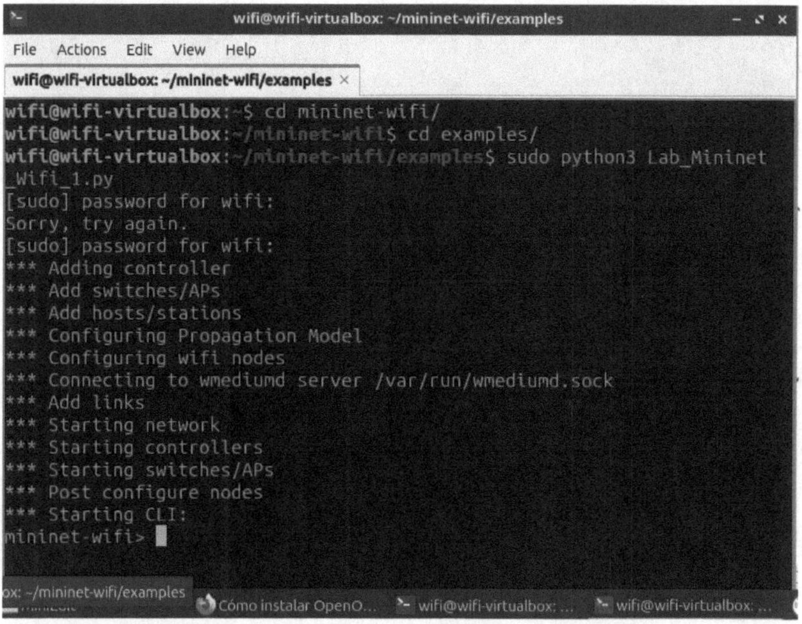

Figura 8. Ejecución de la topología

De salirle una ventana como se aprecia en la figura 9.

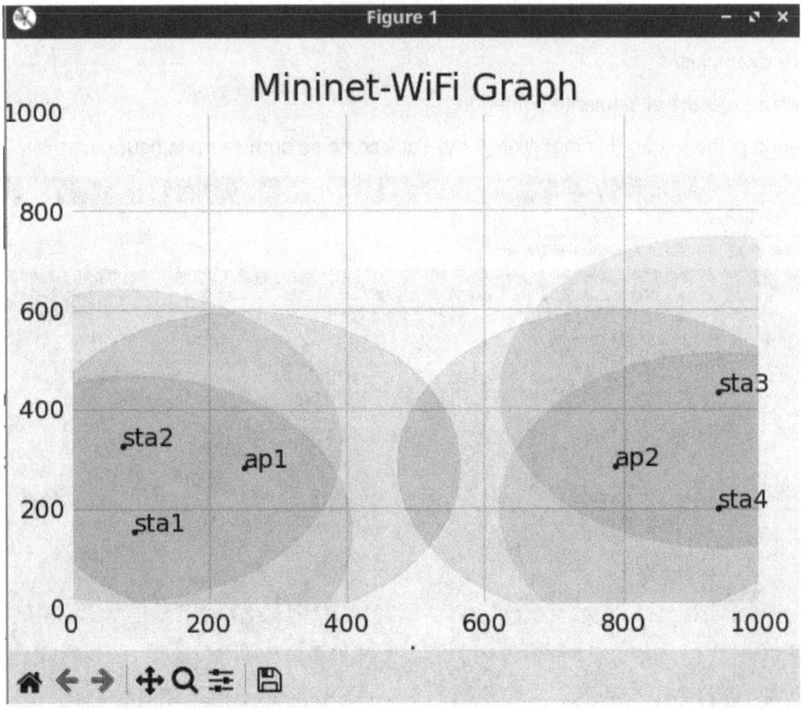

Figura 9. Despliegue de la topología.

Fíjese que en la figura 9, como se observa el despliegue de la topología donde se incluyen los Access Point y las estaciones de trabajo, sin embargo, en el mapa de calor no se observa el controlador, debido a que es invisible para la red, no obstante, su papel es indispensable para el buen funcionamiento de la red. Como se puede apreciar en la figura 10, una vez ejecutado el comando para desplegar la red, queda en modo consola la interfaz lista para recibir instrucciones

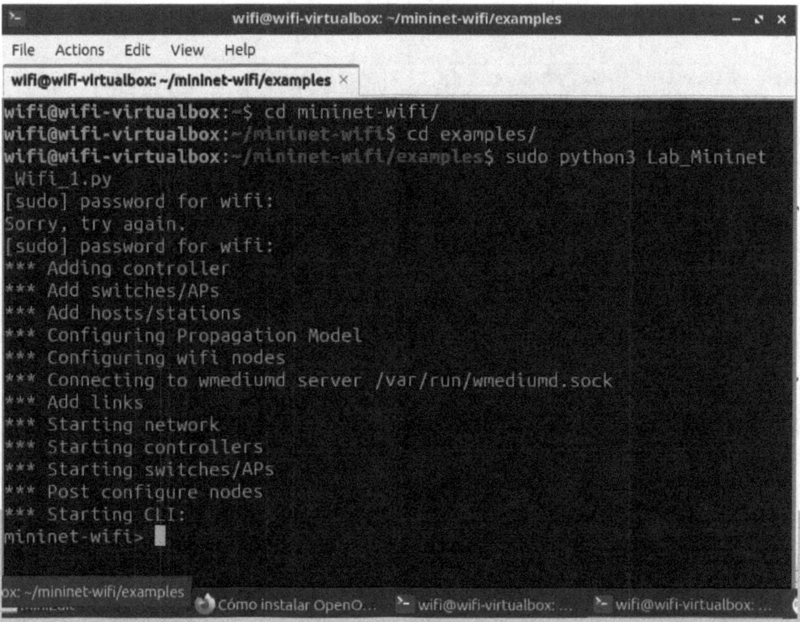

Figura 10. Despliegue de la topología.

A continuación, abra una nueva terminal para ejecutar un sniffer, que para este caso será Wireshark, tal y como se aprecia en la figura 11.

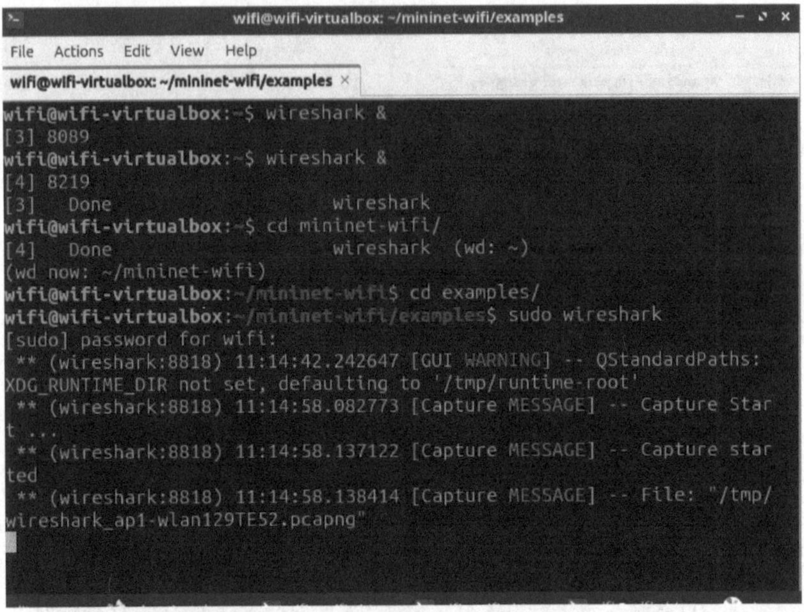

Figura 11. Comando de ejecución de wireshark

A continuación, siga las siguientes instrucciones:

Entre a la siguiente ruta:

cd mininet-wifi/

cd examples/

ahora ejecute el siguiente comando

sudo wireshark

Le debe salir algo como se aprecia en la figura 12.

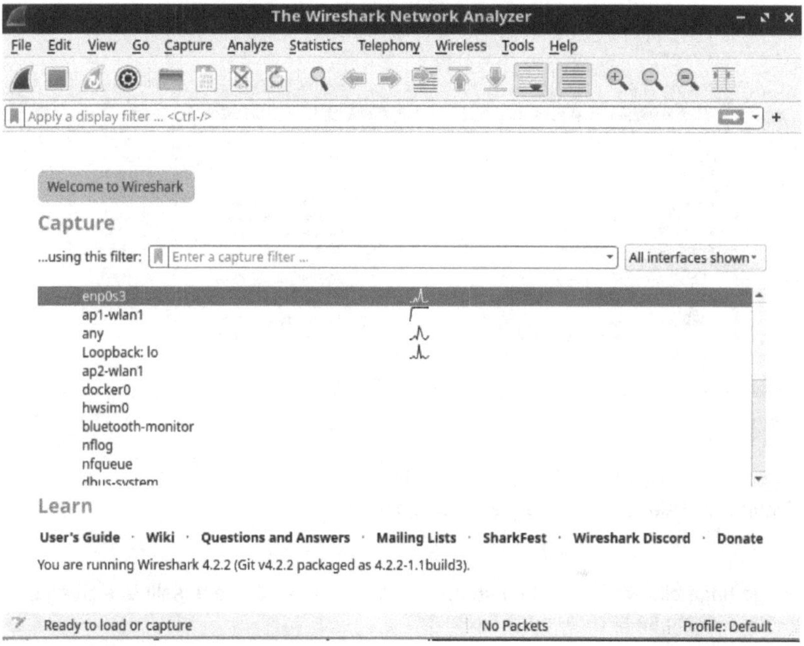

Figura 12. Ejecución de wireshark

A continuación, seleccione una interfaz para escuchar el tráfico. Diríjase al menú Capture, luego haga clic en Options, luego seleccione la interfaz ap1-wlan1, tal y como se aprecia en la figura 13.

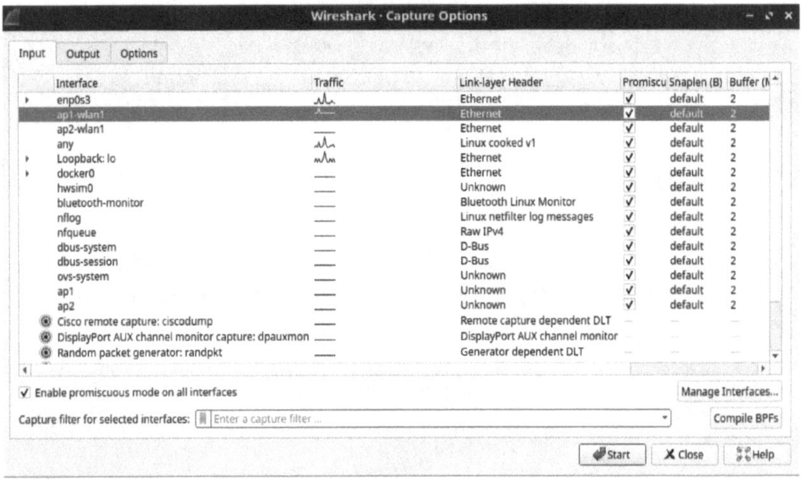

Figura 13. Selección de interfaz de escucha.

Luego haga clic en Start, como se aprecia en la figura 13. Debe salir la siguiente ventana como se aprecia en la figura 14.

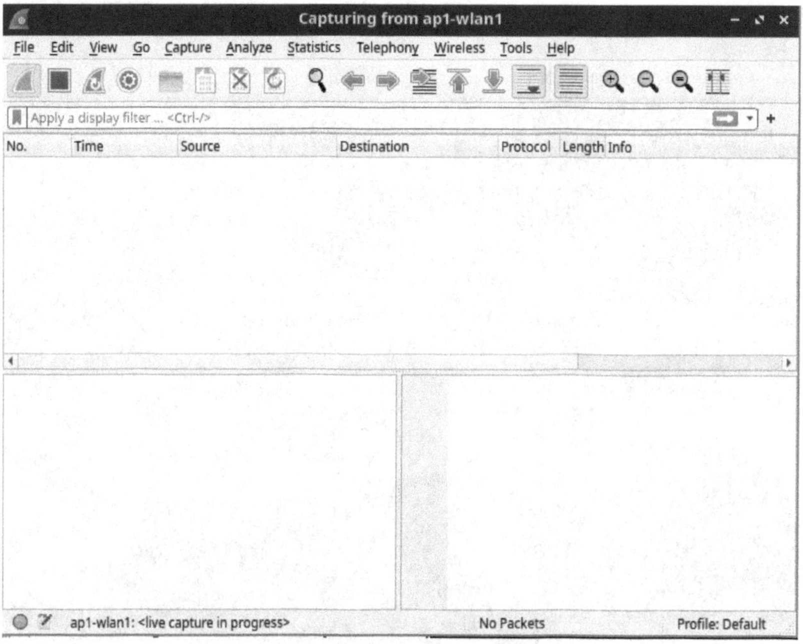

Figura 14. Monitoreo del tráfico en la interfaz apt1-wlan1

A continuación, regrese a la terminal donde tiene desplegado la topología, como se aprecia en la figura 15.

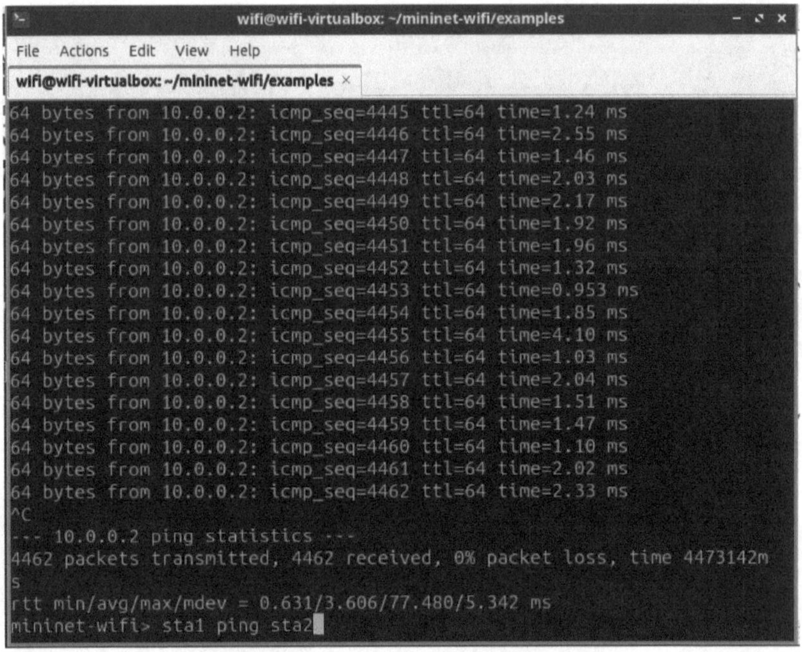

Figura 15. Ping entre estaciones.

En la terminal escriba el siguiente comando:

sta1 ping sta 2

Esto permitirá escuchar el tráfico en ambas estaciones. La ventana, deberá empezar a mostrar el tráfico, como se aprecia en la figura 16.

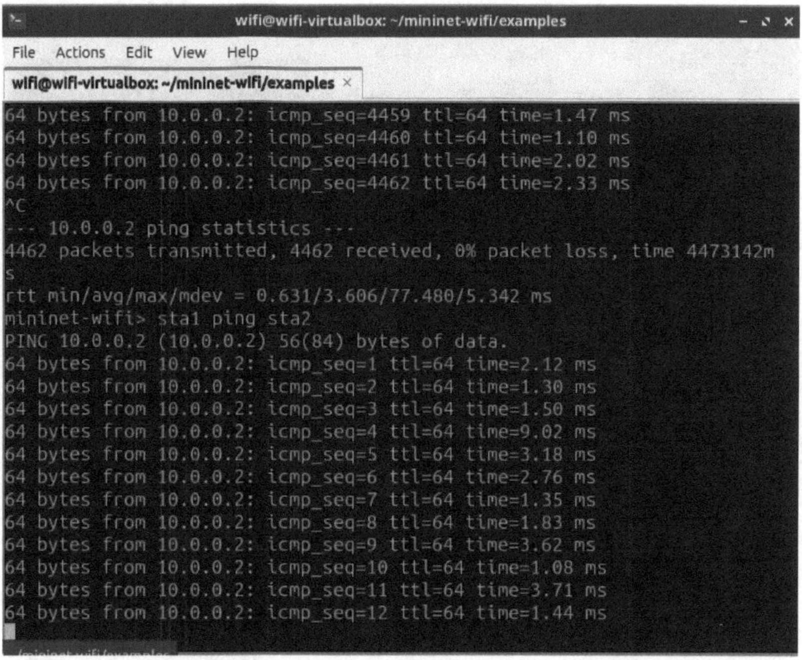

Figura 16. Visualización del tráfico

A continuación, en diríjase a la ventana del wireshark e inmediatamente se observará el tráfico en la red. Tal como se observa en la figura 17.

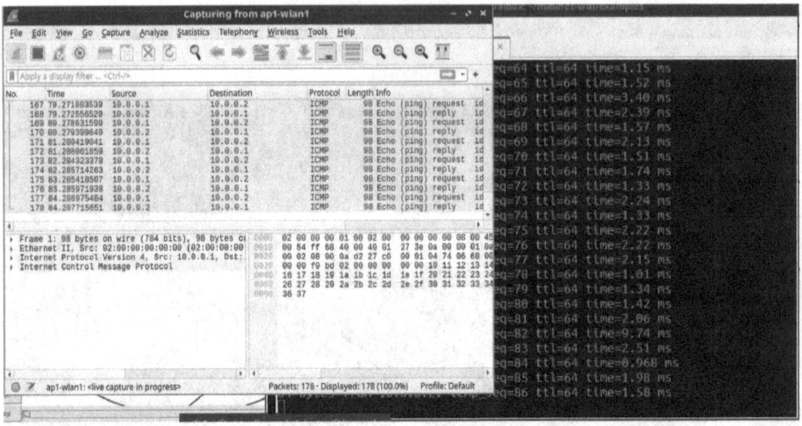

Figura 17. Análisis de tráfico de las estaciones 1 y 2.

CAPITULO VI

LABORATORIO 2, CREACIÓN DE TOPOLOGÍAS DE RED MININET-WIFI MEDIANTE LA INTERFAZ GRAFICA Y SCRIPTS DE PYTHON

Posteriormente de haber instalado en la sección previa Mininet-Wifi, realizaremos la creación de topologías con Mininet.

MINIEDIT

En primer lugar, será necesario usar la herramienta miniedit, que permite crear las topologías en mininet gráficamente, este se encuentra en la carpeta denominada "examples", dentro del directorio de instalación de mininet-wifi correspondiente a la seccion anterior. Para saber dónde está su instalación desde la terminal ubicada en la carpeta donde instalo mininet-wifi ejecute el siguiente comando:

```
pwd
```

Posteriormente, acceda a la carpeta examples, realice clic derecho sobre el archivo denominado "miniedit.py" y haga clic sobre ejecutar como un programa. Para ilustrar más este proceso observe la figura a continuación:

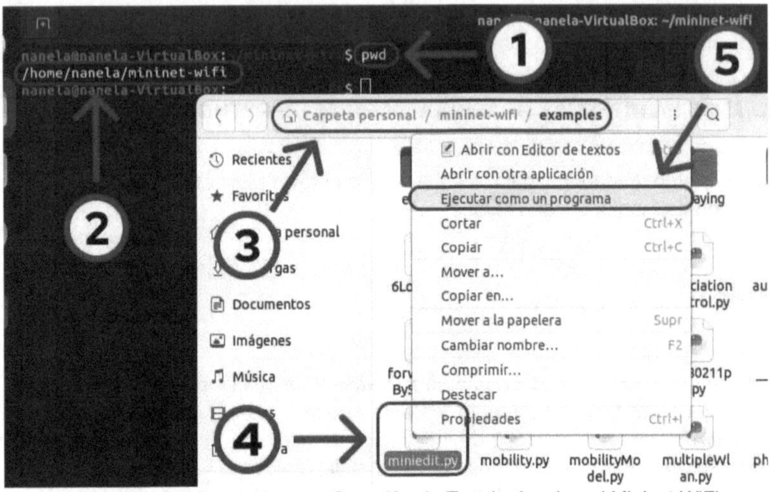

Figura 33. Configuración para Creación de Topologías de red Mininet WiFi

INTERFAZ DE MINIEDIT

Posteriormente de haber abierto miniedit, se recomienda apreciar los ítems indispensables para este laboratorio de su interfaz, entre los cuales tenemos:

Puntero: Este nos permite seleccionar los ítems que arrastremos al área de trabajo.

Estaciones: Crea equipos virtuales con antenas para conectarse a los puntos de acceso creados en el área de trabajo.

Puntos de acceso: Crea puntos de acceso para que se conecten las estaciones creadas en el área de trabajo.

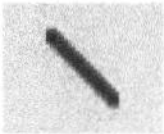

Enlaces: Crea conexiones virtuales entre los elementos creados en el área de trabajo.

Controladores: Crea controladores para gestionar los dispositivos conectados en el área de trabajo.

Todas estas opciones se pueden apreciar en su interfaz inicial, tal como se puede apreciar en la siguiente figura:

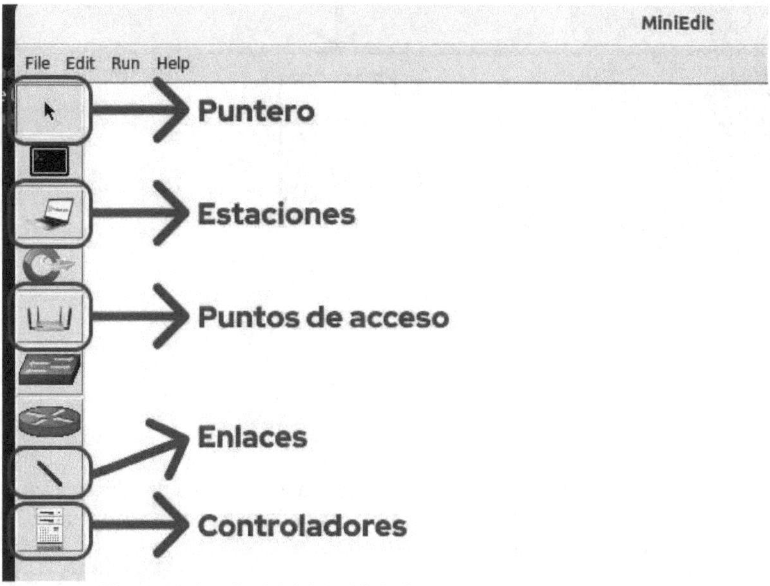

Figura 34. Interfaz inicial de Miniedit con sus respectivas opciones

CREACION DE TOPOLOGIA MEDIANTE GUI

En esta sección se abordará la creación de topologías usando la herramienta miniedit para proceder con el laboratorio, para ello en su interfaz inicial haremos clic sobre el controlador y lo situaremos en el centro del área de trabajo, tal como se aprecia a continuación:

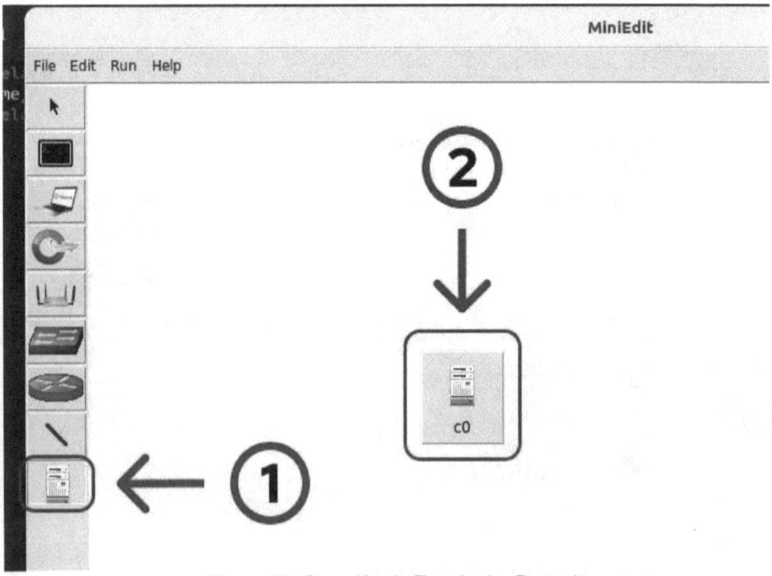

Figura 35. Creación de Topología- Parte 1

Posteriormente, seleccionaremos la opción para crear los puntos de acceso y los ubicaremos en los extremos horizontales del área de trabajo, tal como se puede apreciar en la siguiente figura:

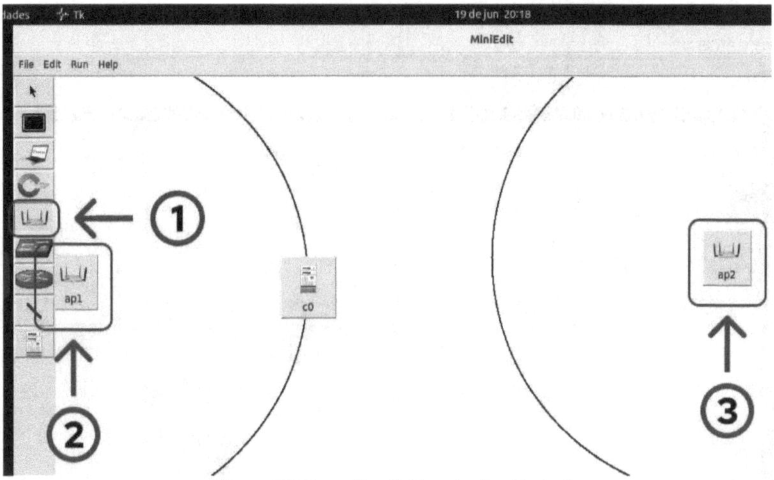

Figura 36.Creación de Topología- Parte 2

Posteriormente agregaremos dos estaciones en el segundo punto de acceso y uno solo al punto de acceso 1, se sugiere seguir la siguiente figura para una mayor comprensión y apreciación de este paso.

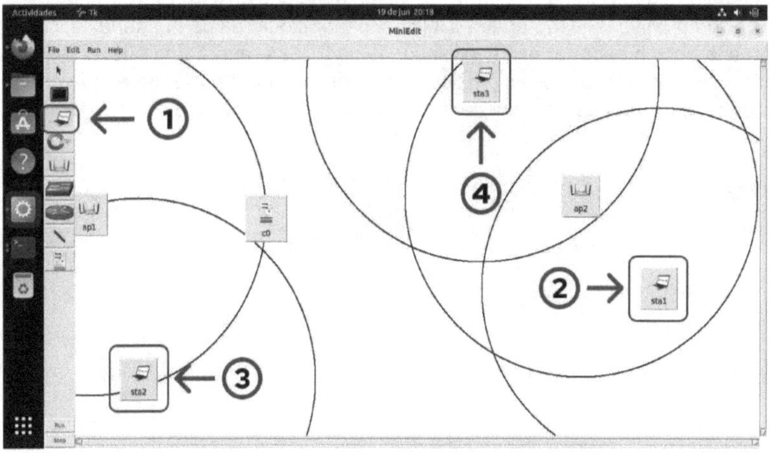

Figura 37. Creación de Topología- Parte 3

Finalmente, se conectarán los puntos de acceso al controlador mediante un enlace entre estos.

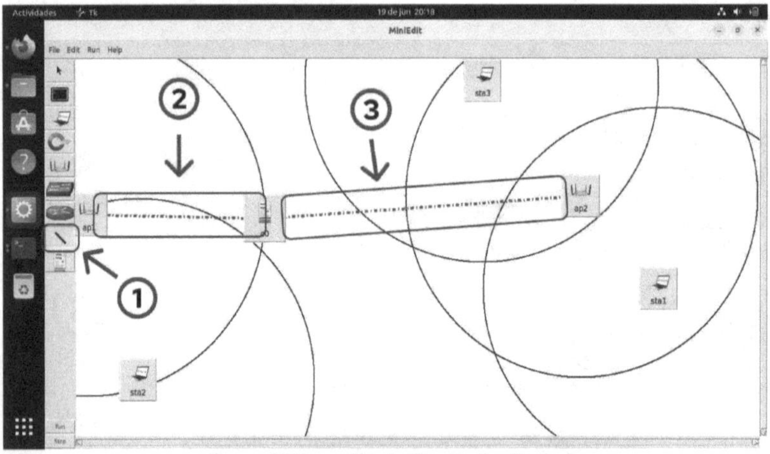

Figura 38.Creación de Topología- Parte 4

Para terminar, guardaremos la topología en un directorio de su preferencia, acceda a la opción archivo ubicado en la esquina superior izquierda de la interfaz inicial, y luego a la opción exportar script de segundo nivel. Esto abrirá una nueva ventana donde seleccionará la ubicación de destino de su preferencia para guardar la topología. Este proceso se encuentra ilustrado en la siguiente figura, para una mayor comprensión:

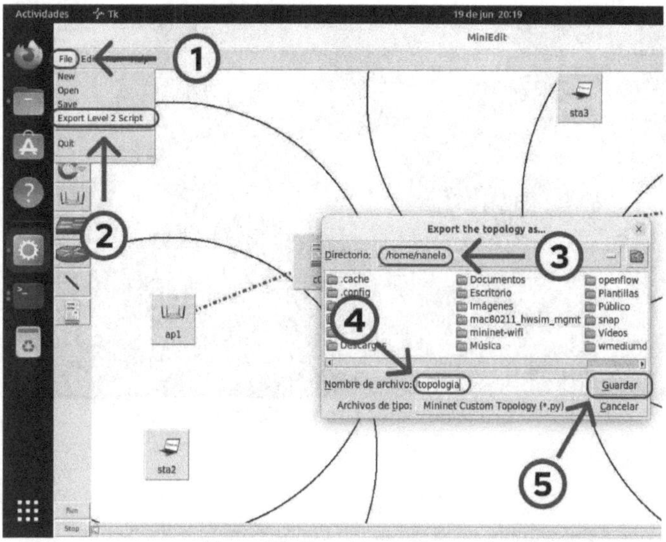

Figura 39. Creación de Topología- Parte 5

Posteriormente abriremos el archivo de la topología que previamente se guardó desde Python en la consola mediante el siguiente comando:

```
sudo python topología.py
```

Esto se puede apreciar más a detalle en la siguiente imagen:

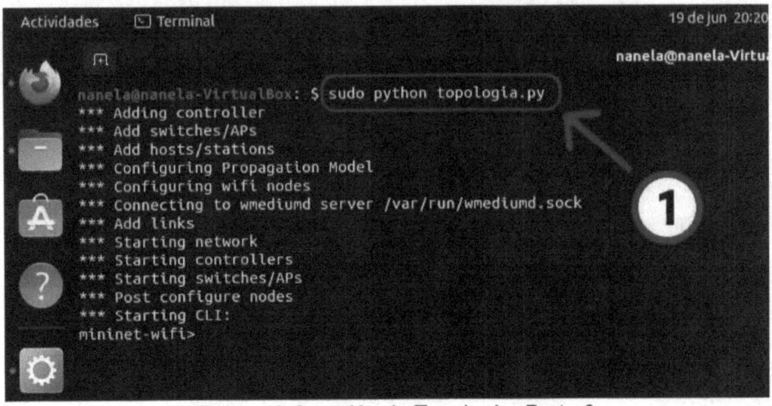

Figura 40.Creación de Topología- Parte 6

Advertencias

- La terminal debe estar situada en el directorio donde guardo la topología.

Una vez ha culminado de ejecutar el script con la topología se abre un gráfico que muestra la representación de la topología en un plano, donde se pueden apreciar los puntos de acceso y estaciones creados con mininedit:

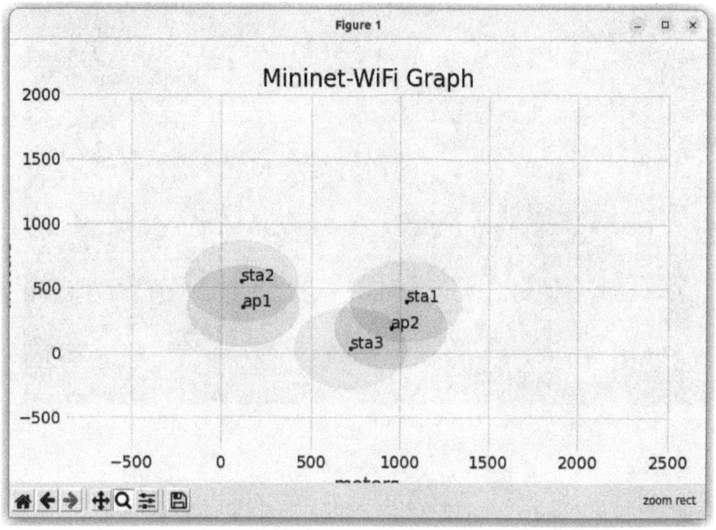

Figura 41.Grafico de la Topología creada

Posteriormente en la terminal donde se ejecutó el script de la topología se realizó este procedimiento que abrirá tres terminales de cada una de las estaciones nombradas (estación 1, 2 y 3).

Donde se ejecutará el siguiente comando:

```
xtermn sta1 sta2 sta3
```

Esto se puede apreciar de la siguiente manera en la terminal:

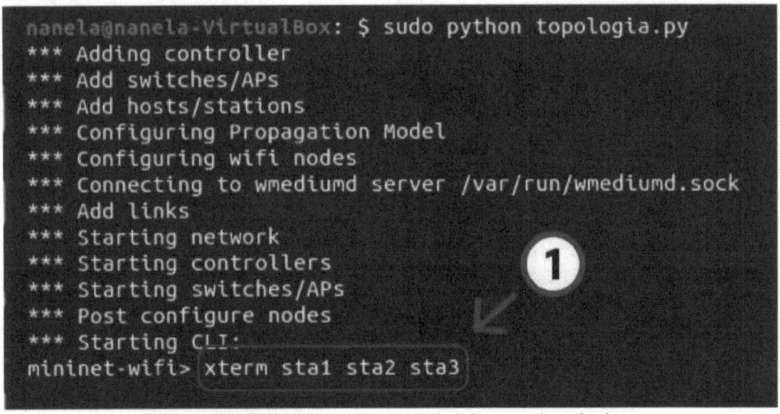

Figura 42. Procedimiento para abrir las tres terminales

Este procedimiento abrirá tres terminales de cada una de las estaciones nombradas (estación 1, 2 y 3)

EVALUACION DE LA TOPOLOGÍA

En esta sección se realizará la evaluación de la topología desde diferentes perspectivas. Para ello inicialmente se analizará la comunicación entre dos estaciones, posteriormente se realizará la comunicación entre estaciones conectadas entre diferentes puntos de acceso que no tienen un enlace directo.

IDENTIFICACION DE LAS DIRECCIONES DE LAS ESTACIONES

En primer lugar, es importante identificar las IPV4 de las estaciones, para ello en cada terminal de las estaciones que anteriormente abrió, ejecute el siguiente comando y guarde el nombre de su tarjeta de red y su IPV4 para que pueda analizar el flujo adecuadamente.

```
ip a s
```

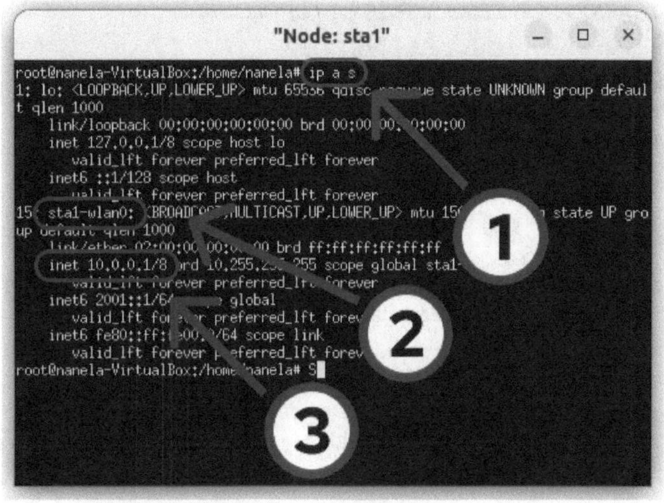

Figura 43. Identificación de las direcciones de las estaciones

Como se puede apreciar en la imagen anterior el paso 2 es el nombre de la tarjeta de red y el 3 es la IPV4 de la estación correspondiente.

Posteriormente de haber realizado el anterior procedimiento sobre cada estación, se registraron sus valores a continuación:

Punto de acceso	Estación	Tarjeta de red	IPV4
ap2	sta1	sta1-wlan0	10.0.0.1
ap1	sta2	sta2-wlan0	10.0.0.2
ap2	sta3	sta3-wlan0	10.0.0.3

Tabla 1. Identificación de las direcciones de las estaciones con sus valores.

Precaución

- Los valores dados en la tabla anterior pueden variar dependiendo de la topología y otros factores.

ANÁLISIS DE TRAFICO POR TCPDUMP DE LA TOPOLOGÍA

Prosiguiendo con la evaluación de la topología se realizará el análisis de tráfico en la comunicación entre dos estaciones ubicadas dentro del mismo punto de acceso, para este ejemplo serán las estaciones 1 y 3. Donde se realizará un envió de 3 paquetes desde la estación 1 hasta el 3. Para ello se seguirán los siguientes pasos:

1. En la terminal de la estación 1 ejecute el siguiente comando que analizara el tráfico de la tarjeta de red que posee, acorde a la tabla x: tcpdump -i sta1wlan0
2. En la terminal de la estación 2 ejecute el siguiente comando que analizara el tráfico de la tarjeta de red que posee, acorde a la tabla x: tcpdump -i sta2wlan0
3. En la terminal de mininet-wifi, envié tres paquetes desde la estación 1 hasta la 3 mediante el siguiente comando: sta1 ping -c3 sta3

Para una mejor ilustración del anterior procedimiento, se adjunta la siguiente figura que guía mejor el proceso:

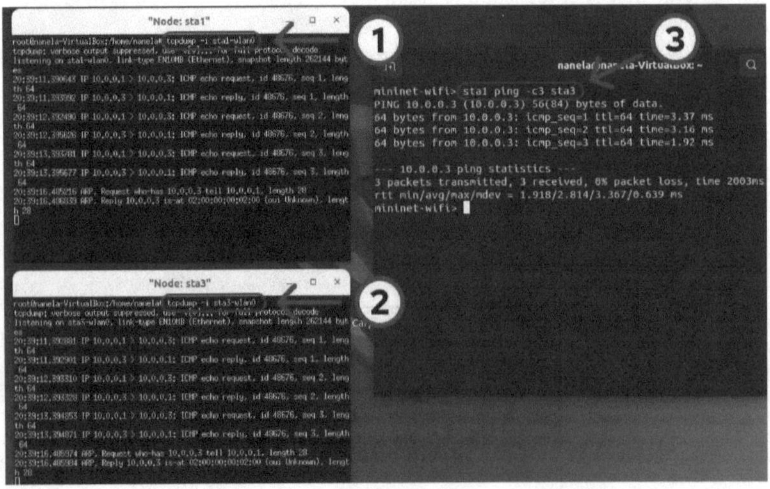

Figura 44. Análisis de trafico

Como se pudo apreciar de la anterior figura, no existe perdida de paquetes y la comunicación es satisfactoria.

COMUNICACION ENTRE ESTACIONES DE DIFERENTES ACCESS POINT SIN ENLACE

Como anteriormente se pudo apreciar las estaciones conectadas a un mismo punto de acceso poseen comunicación entre ellas, pero ***¿Qué sucede al enviar paquetes entre estaciones de diferentes puntos de acceso y estos AP no están conectados?***, la respuesta es que ***no tienen comunicación***, debido a que los puntos de acceso no cuentan con un enlace entre ellos acorde a la topología planteada.

Esto se puede evidenciar al tratar de enviar un ping entre las estaciones 1 y 3 hacia la 2. Para ello desde la consola de mininet-wifi ejecute los siguientes comandos:

```
sta1 ping -c3 sta2 sta3 ping -c3
sta2
```

Estos comandos puede ingresarlos como se aprecia a continuación:

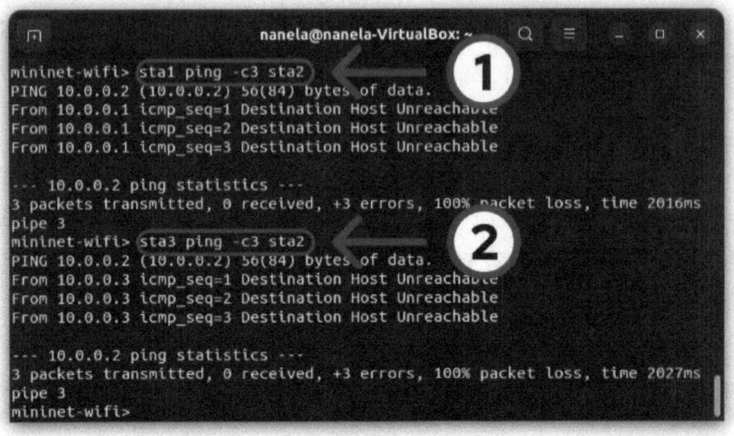
nanela@nanela-VirtualBox: ~
mininet-wifi> sta1 ping -c3 sta2
PING 10.0.0.2 (10.0.0.2) 56(84) bytes of data.
From 10.0.0.1 icmp_seq=1 Destination Host Unreachable
From 10.0.0.1 icmp_seq=2 Destination Host Unreachable
From 10.0.0.1 icmp_seq=3 Destination Host Unreachable
--- 10.0.0.2 ping statistics ---
3 packets transmitted, 0 received, +3 errors, 100% packet loss, time 2016ms
pipe 3
mininet-wifi> sta3 ping -c3 sta2
PING 10.0.0.2 (10.0.0.2) 56(84) bytes of data.
From 10.0.0.3 icmp_seq=1 Destination Host Unreachable
From 10.0.0.3 icmp_seq=2 Destination Host Unreachable
From 10.0.0.3 icmp_seq=3 Destination Host Unreachable
--- 10.0.0.2 ping statistics ---
3 packets transmitted, 0 received, +3 errors, 100% packet loss, time 2027ms
pipe 3
mininet-wifi>
1
2

Figura 45. Comunicación entre estaciones de diferentes access point sin enlace

Como observara marca errores y notifica que el destino es inalcanzable, debido a lo mencionado en un principio de este capítulo.

CAPITULO VII

LABORATORIOS PROPUESTOS

1. SDN para Monitoreo de Cultivos Hidropónicos IoT

Metodología:

1. **Diseño de Topología:**
    - 1 Controlador SDN (Ryu o POX).
    - 3 APs simulando zonas del cultivo.
    - 6 estaciones (STA) que simulan sensores IoT (pH, humedad, temperatura).
    - 1 nodo servidor (servidor nube o edge).
2. **Implementación en Mininet-WiFi:**
    - Crear el script .py o usar Miniedit → exportar .py.
    - Asociar estaciones a los APs según distribución geográfica del cultivo.
3. **Configuración del Controlador:**
    - Definir reglas OpenFlow para enrutar el tráfico de los sensores al nodo servidor.
    - Priorizar mensajes de alerta (por ejemplo, niveles de pH críticos).
4. **Captura de Tráfico:**
    - Ejecutar Wireshark o tcpdump sobre el servidor.
    - Simular tráfico generando datos desde los sensores hacia el servidor.
5. **Validación:**
    - Generar alertas simuladas y verificar si el tráfico prioritario fluye correctamente.
    - Guardar capturas, evidencias gráficas y consola.

A continuación, se presenta un preliminar para esta solución:

En la tabla 1, se puede apreciar los diferentes elementos requeridos para la implementación de la arquitectura de red, de igual modo en la figura 1 se puede apreciar la topología.

Tabla 1. Elementos de la arquitectura de red

Elemento	Cantidad	Función
Controlador SDN	1	Ryu (recomendado por facilidad) o POX
Access Points (APs)	3	Simulan zonas del cultivo (Zona A, B, C)
Estaciones (STA)	6	Sensores IoT (pH, humedad, temperatura)
Nodo Servidor	1	Recibe la información y genera alertas

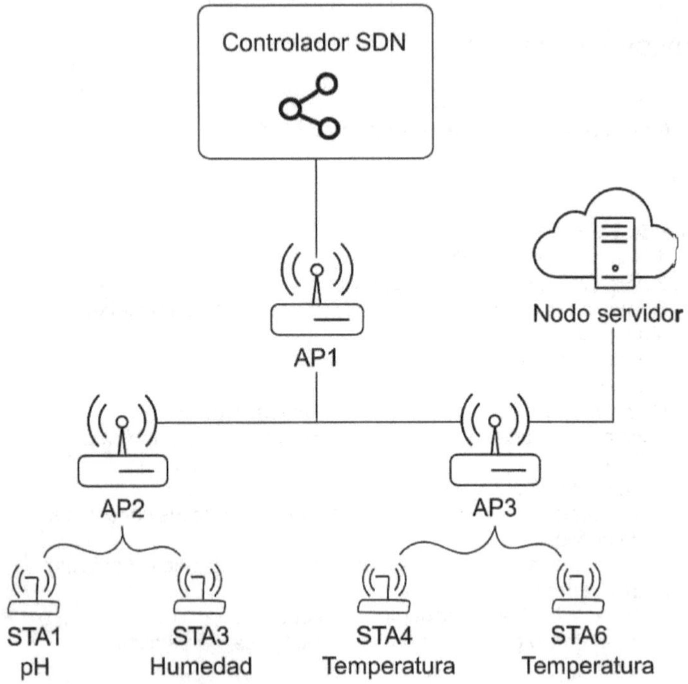

Figura 1. Arquitectura de la red de monitoreo.

Script topología en Mininet-WiFi

```
from mininet.node import Controller, RemoteController
from mininet.log import setLogLevel, info
from mininet.wifi.net import Mininet_wifi
from mininet.wifi.node import OVSKernelAP
from mininet.wifi.cli import CLI
from mininet.wifi.link import wmediumd
from mininet.wifi.wmediumdConnector import interference

def topology():
    net = Mininet_wifi(controller=RemoteController, accessPoint=OVSKernelAP,
                       link=wmediumd, wmediumd_mode=interference)

    info("*** Creating nodes\n")
    sta = []
    for i in range(1, 7):
```

```
        sta.append(net.addStation(f'sta{i}', ip=f'10.0.0.{i}/8'))

    ap1 = net.addAccessPoint('ap1', ssid='zoneA', mode='g', channel='1', position='20,30,0')
    ap2 = net.addAccessPoint('ap2', ssid='zoneB', mode='g', channel='6', position='60,30,0')
    ap3 = net.addAccessPoint('ap3', ssid='zoneC', mode='g', channel='11',
position='100,30,0')

    h1 = net.addHost('h1', ip='10.0.0.100/8')  # Nodo servidor
    c0 = net.addController('c0', controller=RemoteController, ip='127.0.0.1', port=6653)

    info("*** Configuring WiFi nodes\n")
    net.configureWifiNodes()

    info("*** Creating links\n")
    net.addLink(ap1, h1)
    net.addLink(ap2, h1)
    net.addLink(ap3, h1)

    info("*** Starting network\n")
    net.build()
    c0.start()
    ap1.start([c0])
    ap2.start([c0])
    ap3.start([c0])

    info("*** Running CLI\n")
    CLI(net)

    info("*** Stopping network\n")
    net.stop()

if __name__ == '__main__':
    setLogLevel('info')
    topology()
```

Instale el controlador Ryu

```
sudo apt-get install python3-ryu
```

Script para gestionar tráfico en la red con Ryu

```
from ryu.base import app_manager
from ryu.controller import ofp_event
from ryu.controller.handler import CONFIG_DISPATCHER, MAIN_DISPATCHER
from ryu.controller.handler import set_ev_cls
```

```
from ryu.ofproto import ofproto_v1_3

class HydroponicMonitor(app_manager.RyuApp):
    OFP_VERSION = [ofproto_v1_3.OFP_VERSION]

    def __init__(self, *args, **kwargs):
        super(HydroponicMonitor, self).__init__(*args, **kwargs)

    @set_ev_cls(ofp_event.EventOFPSwitchFeatures, CONFIG_DISPATCHER)
    def switch_features_handler(self, ev):
        datapath = ev.msg.datapath
        ofproto = datapath.ofproto
        parser = datapath.ofproto_parser

        # Regla para priorizar tráfico pH crítico -> dst_port 9000 (ejemplo)
        match = parser.OFPMatch(ip_proto=17, udp_dst=9000)
        actions = [parser.OFPActionOutput(ofproto.OFPP_NORMAL)]
        self.add_flow(datapath, 100, match, actions)

        # Flujo por defecto
        match = parser.OFPMatch()
        actions = [parser.OFPActionOutput(ofproto.OFPP_NORMAL)]
        self.add_flow(datapath, 1, match, actions)

    def add_flow(self, datapath, priority, match, actions):
        ofproto = datapath.ofproto
        parser = datapath.ofproto_parser
        inst = [parser.OFPInstructionActions(ofproto.OFPIT_APPLY_ACTIONS, actions)]
        mod = parser.OFPFlowMod(datapath=datapath, priority=priority,
                                match=match, instructions=inst)
        datapath.send_msg(mod)
```

Generación y Captura de Tráfico

Simulación de sensores (en las estaciones):

```
# Desde una estación, enviar datos al servidor
while true; do echo "pH: $(shuf -i 3-10 -n 1)" | nc -u 10.0.0.100 9000; sleep 2;
done
```

Captura en el servidor:

```
sudo tcpdump -i h1-eth0 udp port 9000 -w capturas_hidroponico.pcap
```

Validación del Tráfico

1. Generar alertas simuladas desde estaciones.
2. Verificar con Wireshark/tcpdump la **priorización** del puerto crítico (ejemplo: 9000).
3. Evidencias: capturas .pcap, pantallazos de consola, esquema de red.

2. SDN para Coordinación de Drones de Fumigación Agrícola

Metodología:

1. **Diseño de Topología:**
   - 1 Controlador SDN.
   - 4 Access Points distribuidos en el área agrícola.
   - 3 estaciones STA que simulan drones (con movilidad configurada).
2. **Configuración de Movilidad:**
   - Utilizar sta.config(mobility) o definir trayectorias móviles en el script.
   - Configurar handover entre APs.
3. **Controlador SDN:**
   - Implementar reglas de reencaminamiento para minimizar pérdida de paquetes durante el handover.
4. **Captura de Tráfico:**
   - Capturar tráfico desde APs y estaciones con Wireshark.
   - Realizar ping o envío de datos mientras el dron cambia de AP.
5. **Validación:**
   - Medir pérdida de paquetes y latencia en las capturas.
   - Evidencias: script, capturas, gráficos de movilidad.

A continuación, se presenta un preliminar para la fumigación con drones:
En la tabla 2, se puede apreciar los diferentes elementos requeridos para la implementación de la arquitectura de red, de igual modo en la figura 2 se puede apreciar la topología.

Tabla 2. Elementos de la arquitectura de red

Elemento	Cantidad	Función
Controlador SDN	1	Ryu o POX
Access Points (APs)	4	Distribuidos en el área agrícola
Estaciones (STA)	3	Simulan drones en movimiento

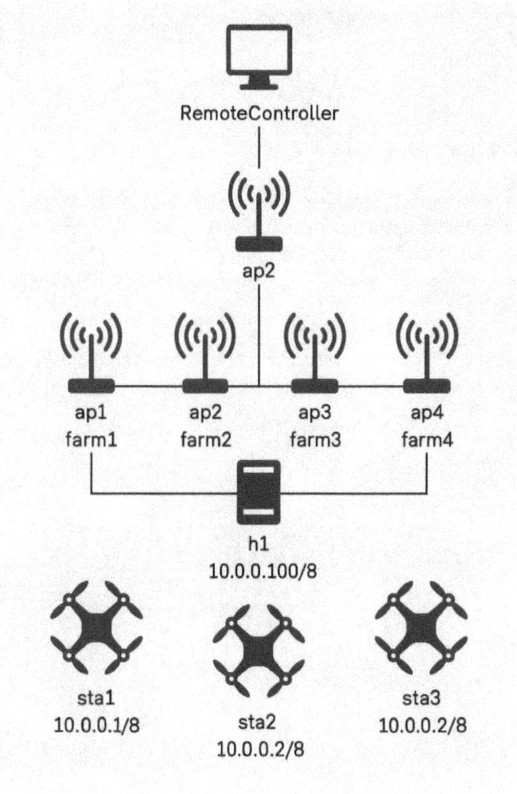

Figura 2. Topología de la red de drones

Script para la creación de la topología en Mininet WiFi

```
from mininet.node import Controller, RemoteController
from mininet.log import setLogLevel, info
from mininet.wifi.net import Mininet_wifi
from mininet.wifi.node import OVSKernelAP
from mininet.wifi.cli import CLI
from mininet.wifi.link import wmediumd
from mininet.wifi.wmediumdConnector import interference

def topology():
    net = Mininet_wifi(controller=RemoteController, accessPoint=OVSKernelAP,
```

```
            link=wmediumd, wmediumd_mode=interference)

info("*** Creating nodes\n")
drones = []
for i in range(1, 4):
    drones.append(net.addStation(f'sta{i}', ip=f'10.0.0.{i}/8', position=f'{10*i},10,0'))

ap1 = net.addAccessPoint('ap1', ssid='farm1', mode='g', channel='1', position='10,50,0')
ap2 = net.addAccessPoint('ap2', ssid='farm2', mode='g', channel='6', position='40,50,0')
ap3 = net.addAccessPoint('ap3', ssid='farm3', mode='g', channel='11', position='70,50,0')
ap4 = net.addAccessPoint('ap4', ssid='farm4', mode='g', channel='1', position='100,50,0')

h1 = net.addHost('h1', ip='10.0.0.100/8')  # Nodo servidor
c0 = net.addController('c0', controller=RemoteController, ip='127.0.0.1', port=6653)

info("*** Configuring WiFi nodes\n")
net.configureWifiNodes()

info("*** Creating links\n")
net.addLink(ap1, h1)
net.addLink(ap2, h1)
net.addLink(ap3, h1)
net.addLink(ap4, h1)

info("*** Starting network\n")
net.build()
c0.start()
ap1.start([c0])
ap2.start([c0])
ap3.start([c0])
ap4.start([c0])

info("*** Configuring mobility\n")
net.startMobility(time=0)
net.mobility(drones[0], 'start', time=1, position='0,0,0')
net.mobility(drones[0], 'stop', time=20, position='120,50,0')

net.mobility(drones[1], 'start', time=1, position='0,20,0')
net.mobility(drones[1], 'stop', time=20, position='120,70,0')

net.mobility(drones[2], 'start', time=1, position='0,40,0')
net.mobility(drones[2], 'stop', time=20, position='120,90,0')
net.stopMobility(time=21)

info("*** Running CLI\n")
```

```
    CLI(net)

    info("*** Stopping network\n")
    net.stop()

if __name__ == '__main__':
    setLogLevel('info')
    topology()
```

Script para la configuración del controlador Ryu

```
from ryu.base import app_manager
from ryu.controller import ofp_event
from ryu.controller.handler import CONFIG_DISPATCHER, MAIN_DISPATCHER
from ryu.controller.handler import set_ev_cls
from ryu.ofproto import ofproto_v1_3

class DroneSDN(app_manager.RyuApp):
    OFP_VERSION = [ofproto_v1_3.OFP_VERSION]

    def __init__(self, *args, **kwargs):
        super(DroneSDN, self).__init__(*args, **kwargs)

    @set_ev_cls(ofp_event.EventOFPSwitchFeatures, CONFIG_DISPATCHER)
    def switch_features_handler(self, ev):
        datapath = ev.msg.datapath
        ofproto = datapath.ofproto
        parser = datapath.ofproto_parser

        match = parser.OFPMatch()
        actions = [parser.OFPActionOutput(ofproto.OFPP_NORMAL)]
        self.add_flow(datapath, 1, match, actions)

    def add_flow(self, datapath, priority, match, actions):
        ofproto = datapath.ofproto
        parser = datapath.ofproto_parser
        inst = [parser.OFPInstructionActions(ofproto.OFPIT_APPLY_ACTIONS, actions)]
        mod = parser.OFPFlowMod(datapath=datapath, priority=priority,
                                match=match, instructions=inst)
        datapath.send_msg(mod)
```

Captura de Tráfico

Desde los drones estaciones : ping 10.0.0.100

Validación

Medición de pérdida de paquetes y latencia: ping -c 50 10.0.0.100

Script para análisis de perdida de paquetes

```
import matplotlib.pyplot as plt
import re

# Archivo con el resultado del ping
archivo_ping = 'resultados_ping.txt'

tiempos = []
with open(archivo_ping, 'r') as f:
    for linea in f:
        match = re.search(r'time=(\d+\.\d+)', linea)
        if match:
            tiempos.append(float(match.group(1)))

plt.figure(figsize=(10,6))
plt.plot(tiempos, marker='o', linestyle='-', color='blue')
plt.title('Latencia (RTT) durante el movimiento de drones')
plt.xlabel('Número de paquete')
plt.ylabel('Tiempo (ms)')
plt.grid(True)
plt.savefig('latencia_drones.png')

plt.show()
```

Script para generar gráfica de perdida de paquetes:

```
import re

with open(archivo_ping, 'r') as f:
    texto = f.read()

match = re.search(r'(\d+)% packet loss', texto)
if match:
    perdida = int(match.group(1))
    print(f"Pérdida de paquetes: {perdida}%")
```

Script para la simulación de la posición del vuelo de un dron

```
import random

def simular_posiciones_aleatorias(num_pasos):
    """
    Simula posiciones aleatorias (x, y) de un dron.

    Args:
        num_pasos (int): El número de pasos en la simulación.

    Returns:
        list: Una lista de tuplas (x, y) representando las posiciones.
    """
    posiciones = [(0, 0)]
    x, y = 0, 0
    for _ in range(num_pasos - 1):
        # Movimiento aleatorio en x e y (puedes ajustar el rango)
        dx = random.randint(-10, 10)
        dy = random.randint(-10, 10)
        x += dx
        y += dy
        posiciones.append((x, y))
    return posiciones

# Simulación con 50 pasos
posiciones_aleatorias = simular_posiciones_aleatorias(50)

# Extraer las coordenadas x e y
x_aleatorio, y_aleatorio = zip(*posiciones_aleatorias)

# Graficar las posiciones aleatorias
plt.figure(figsize=(8, 6))
plt.plot(x_aleatorio, y_aleatorio, marker='o', linestyle='-', color='blue')
plt.title('Trayectoria Aleatoria del Dron')
plt.xlabel('Eje X (metros)')
plt.ylabel('Eje Y (metros)')
plt.grid(True)
plt.savefig('trayectoria_dron_aleatoria.png')
plt.show()
```

3. Balanceo de Carga para Servicios en la Nube desde IoT

Metodología:

1. **Diseño de Topología:**
   - 1 Controlador SDN.
   - 2 APs.
   - 5 estaciones (sensores IoT).
   - 3 nodos servidor (simulando servicios en la nube).
2. **Controlador SDN:**
   - Crear reglas para balanceo (round-robin o en base al tráfico actual).
   - Modificar reglas con flow_mod para redirigir paquetes a diferentes servidores.
3. **Generación de Tráfico:**
   - Ejecutar scripts desde los sensores simulando tráfico continuo.
4. **Captura de Tráfico:**
   - Monitorizar el tráfico en los 3 servidores.
   - Verificar distribución equitativa del tráfico.
5. **Validación:**
   - Capturas y reporte del porcentaje de tráfico hacia cada servidor.

4. Gestión de Tráfico Vehicular Autónomo mediante SDN

Metodología:

1. **Integración SUMO + Mininet-WiFi:**
   - Configurar entorno SUMO para simular vehículos en movimiento.
   - Asociar vehículos como estaciones móviles en Mininet-WiFi.
2. **Diseño de Red:**
   - 1 Controlador SDN.
   - 4 Access Points distribuidos estratégicamente.
3. **Configuración de Políticas SDN:**
   - Definir priorización de paquetes V2V y V2I.
   - Configurar redirección según congestión o caídas.
4. **Captura de Tráfico:**
   - Capturar paquetes de control (V2V) y tráfico de usuario.
5. **Validación:**
   - Medición de latencias promedio.
   - Reporte con gráficas de retardo vs. número de vehículos.

5. Seguridad en IoT Agrícola: Detección de Intrusos con SDN

Metodología:

1. **Diseño de Red:**
   - 1 Controlador SDN.
   - 3 Access Points.
   - 5 estaciones (sensores IoT legítimos).
   - 1 estación intrusa que intenta generar tráfico no autorizado.
2. **Controlador SDN:**
   - Configurar lista blanca de direcciones MAC/IP autorizadas.
   - Implementar regla para bloquear paquetes provenientes del intruso.
3. **Captura de Tráfico:**
   - Capturar tráfico desde los APs para verificar intentos de acceso.
4. **Validación:**
   - Mostrar en las capturas el tráfico bloqueado.
   - Evidencias gráficas del intruso bloqueado.

6. IoT Hidropónico con Reconfiguración Dinámica por SDN

Metodología:

1. **Topología:**
   - 1 Controlador SDN.
   - 4 Access Points interconectados.
   - 6 estaciones IoT.
2. **Simulación de Fallo:**
   - Simular la caída de uno de los AP (desactivación virtual en el script o manualmente).
3. **Reconfiguración Automática:**
   - Implementar en el controlador una política que redirija el tráfico al siguiente AP disponible.
4. **Captura de Tráfico:**
   - Monitorear flujos antes, durante y después del fallo.
5. **Validación:**
   - Comparar tráfico normal vs. tráfico post-reconfiguración.
   - Evidencias gráficas.

7. Orquestación de Drones Autónomos usando Controlador Externo (ONOS o Ryu)

Metodología:

1. **Preparación del Controlador (Ejemplo: Ryu):**

- Implementar un script Ryu para establecer políticas QoS.

2. **Topología:**
   - 4 Access Points.
   - 3 drones simulados como estaciones móviles.
   - Trayectorias móviles definidas.
3. **Generación de Tráfico:**
   - Telemetría + video simulado desde drones.
4. **Captura de Tráfico:**
   - Análisis de retardo y estabilidad de la transmisión.
5. **Validación:**
   - Evidencias de mejora QoS con el uso de SDN.

8. Integración Edge Computing para Procesamiento Local en IoT Agrícola

Metodología:

1. **Topología:**
   - 1 Controlador SDN.
   - 2 nodos Edge intermedios.
   - 5 sensores IoT → Nodo Edge → Servidor en la nube.
2. **Configuración SDN:**
   - Reglas para que los sensores primero envíen tráfico a los nodos Edge.
   - Filtrado o procesamiento previo (simulado) en los nodos Edge.
3. **Captura de Tráfico:**
   - Comparativa entre tráfico total generado y tráfico realmente enviado a la nube.
4. **Validación:**
   - Mostrar la reducción de tráfico externo.
   - Evidencias gráficas.

9. Evaluación de QoS para Vehículos Autónomos en Tráfico Heterogéneo

Metodología:

1. **Topología:**
   - 1 Controlador SDN.
   - Vehículos → Estaciones STA → APs → Servidores.
2. **Tráfico Diferenciado:**
   - Generar tres tipos de tráfico: Video (prioridad alta), Telemetría (media), Actualizaciones (baja).
3. **Configuración SDN:**
   - Crear políticas con reglas de prioridad.

4. **Captura de Tráfico:**
   - Medir latencias y verificar cumplimiento de QoS bajo congestión simulada.
5. **Validación:**
   - Evidencias de paquetes prioritarios entregados con menor latencia.

10. Automatización de Respuestas ante Ataques en Redes de Vehículos Autónomos

Metodología:

1. **Topología:**
   - 1 Controlador SDN.
   - Vehículos conectados a través de APs.
   - 1 estación atacante generando tráfico DoS.
2. **Controlador SDN:**
   - Implementación de función para detectar patrones DoS (frecuencia anormal de paquetes).
   - Generación automática de reglas para bloquear al atacante.
3. **Captura de Tráfico:**
   - Registrar intentos de ataque antes y después de aplicar las reglas.
4. **Validación:**
   - Evidencias gráficas del ataque y su mitigación en tiempo real.

Referencias

Fontes, R. R., Afzal, S., Brito, S. H., Santos, M. A., & Rothenberg, C. E. (2015, November). Mininet-WiFi: Emulating software-defined wireless networks. In 2015 11th International conference on network and service management (CNSM) (pp. 384-389). IEEE.

Kurose, J. F., & Ross, K. W. (2021). Computer Networking: A Top-Down Approach (8th ed.). Pearson.

Kaczmarek, S., Młynarczuk, M., Sac, M., & Miklaszewski, P. (2025). SDN Controller for Optical Network Control. IEEE Access.

Kreutz, D., Ramos, F. M. V., Verissimo, P. E., Rothenberg, C. E., Azodolmolky, S., & Uhlig, S. (2015). Software-Defined Networking: A Comprehensive Survey. Proceedings of the IEEE, 103(1), 14–76.

McKeown, N., Anderson, T., Balakrishnan, H., Parulkar, G., Peterson, L., Rexford, J., ... & Turner, J. (2008). OpenFlow: Enabling innovation in campus networks. ACM SIGCOMM Computer Communication Review, 38(2), 69–74.

Nunes, B. A. A., Mendonca, M., Nguyen, X. N., Obraczka, K., & Turletti, T. (2014). A Survey of Software-Defined Networking: Past, Present, and Future of Programmable Networks. IEEE Communications Surveys & Tutorials, 16(3), 1617–1634.

Open Networking Foundation. (2013). OpenFlow Switch Specification Version 1.4.0. https://opennetworking.org

Oracle VM VirtualBox. https://www.virtualbox.org/ (accedido 25 de noviembre de 2024).

Red Hat, «Definición de Linux», 2023. https://www.redhat.com/es/topics/linux/what-is-linux (accedido 30 de marzo de 2023).

Roberts, J. (2009). The clean-slate approach to future internet design: a survey of research initiatives. annals of telecommunications-annales des télécommunications, 64, 271-276.

FSC
www.fsc.org
MIX
Papier | Fördert gute Waldnutzung
FSC® C083411

Kolibri 360 GmbH
Ferdinand-Jühlke-Straße 7
99095 Erfurt, Deutschland
produktsicherheit@kolibri360.de

Druck:
CPI Druckdienstleistungen GmbH
im Auftrag der
Kolibri 360 GmbH
Ferdinand-Jühlke-Str. 7
99095 Erfurt